突圍，新平庸年代

黃炎東 著

博客思出版社

活一天，為教育與學習盡一天心力

最初興起寫這本書，是有感於台灣目前陷入的困境、紛亂和年輕人看不見未來的平庸感，於是想思索出台灣日漸陷落的原因，找出蛛絲馬跡。後來比對發現四、五十年代台灣在物質缺乏之下，人民生活的平庸年代，和現在高房價、高物價、低所得、貿易衰退下，進入新平庸年代，形成的原因不同，舊平庸年代是環境造成的，新平庸年代卻是「人心和價值觀念」造成的。

由於我出生在南台灣屏東縣車城鄉海口村，一個極其偏遠貧困的鄉下，成長過程經歷了偏鄉的種種艱困，但也見證了台灣的繁榮和富足，在從小到大的歷程、各個成長階段中，省思當前台灣和那時代的差異，有一些感觸，所以不惜野人獻曝寫下本書，想為青年出路盡點心力。

想起小時候生活的點點滴滴，彷彿此刻更能體會父母和學習過程中，家庭與學校教會我的那些事。在四、五十年代那種辛苦環境中，父母當時教養我們眾多兄弟姐妹，細細回想，發現在日常生活的大小事中，父母總是身教重於言教，除了訓練我們動手做事、獨立思考外，也教我們做為一個人，應具備的良心、人格與品德。父親最常說的一句話是：「自重才能人重」；而學校教我們的除了專業知識外，對於人活著的價值，對人生的企圖，對世界的視野，對自己的事業，充滿了恢弘的氣勢和遠大的理想……凡此種種，其實給了我幸福人生的大架構，而我就是依循這個架構，雖然辛苦，卻覺得走的是人生正確的道路，這種架構也見証了台灣後來繁盛的榮景，而這些年來個人自我意識越來越興盛，提出了種種自以為新潮且不斷為自己謀福利所謂的「正當權益」的觀念，種種好的價值觀不斷被排擠而陷落，台灣終於走入新平庸年代，未來，正在一片迷霧中。

從事教育工作大半生，是什麼支持著我始終如一的致力於工作？主要是因為我明白，一個人終其一生，是否能夠過得快樂幸福，主要取決於他的意識模式、他的價值觀、人生觀和專業；因為有了好的意識模式，才能建立起好的價值觀，有了好的價值觀，才能做對的事，人生中每件事都做對了，就如同考試答題都答對了一樣，每一題考題都答對，考試就可以考高分，人每天都做對的事，一生就可以快樂幸福。

一個人有怎樣的價值觀，決定了他的思考邏輯，例如有錢沒錢是不是人生最重要的？還是有道德良心、沒道德良心較重要？認為錢重要的人，做事凡是以利益做考量，而認為道德良心重要的人，要考量利益之前，會先想想所做的事，會不會傷害到別人，所以你的重點是什麼？價值是什麼？就影響了人怎麼做事。

一個人決定做什麼事，心裡如果有是非道德標準，那他做事的行為模式也會受道德的檢驗，當他要做一件事時，良心與道德會告誡他這樣做會不會傷害別人？該做不該做？

人的思考邏輯決定了行為模式，而行為模式又決定了人生的幸與不幸。沒有對的想法，就沒有做對的行為；如果一直做錯事，就沒有對的人生，所以一個人是怎麼想的？這跟他從小受的教育有關，因為思想邏輯是從小累積養成的，也是他受的教育養成的。

除了學校的教育之外，出了校門，若想得到更多的知識來增進自己的人生智慧，主要來自學習。在人生過程中，每個階段有每個階段的難題，讀書時考試問題，選系問題，戀愛，婚姻，就業，創業，退休……每個階段都有人生不同的問題，這些問題如何才能解決的最完善？怎麼做才能求得最大的幸福，每一門都是學問，想要擁有更多的人生幸福，每一門都是必修的學分，即便只是一項新知，如智慧手機如何運用，你如果不跟時代一起進步一直學習新知，就會被時代淘汰。所以，如何保持終生學習，是本書另一個課題。

本書的出版，因深深覺得教育與終生學習對人的重要，為了推廣教育與終生學習的理念，個人謹以棉薄之力，等著接續下來各種難題的挑戰。

教育與學習的巨輪雖然很難推動，但不管做得多或少，哪怕傾盡心力，只能對一個人有所幫助、只能影響一個人；也要期許活一天，為教育與終生學習盡一天心力。

目次

第一部　父母給我的億萬家財　13

父親博覽中外名著，廣博開放的觀念、有為有守的身教，……和父親背後的母親，無怨無悔，再堅苦都給我們一個溫暖寬厚的家，身教言教，是父母給我的億萬家財！

第四部 攻頂，挑戰另一座高峰 107

克服自己的心，一座高山還有另一座山高，攻頂，一次一次挑戰自己的極限。

第五部 生活中那些該想一想的事 135

反省是進步的動力，唯有知道問題之所在，才能用道理方法解決問題，問題解決了，自然就進步了。

第六部　逆風，開創大未來　173

幸福的社會從人人有好價值觀開始，好觀點來自教育，教育須校內校外終身學習。為迎接美好未來，觀念、教育、終身學習是基本學程。

第一部　父母給我的億萬家財

父親博覽中外名著，廣博開放的觀念、有為有守的身教，……和父親背後的母親，無怨無悔，再艱苦都給我們一個溫暖寬厚的家，身教言教，是父母給我的億萬家財！

1 廣博開放觀念的父親，有為有守的身教

關於「卡車」……，對於無知，人會被淘汰，世界不會因此停止進步，……概念裡沒有的東西，先不要否定，應該要以開放的態度，去接受，去學習。

屏東縣「海上藍色公路」的終點，也是恆春縱谷平原最北端，在那裡有一個遺世獨立的小漁港，伴著幾艘竹筏，和一片黑壓壓的漁網，與世無爭；也許，要想讓過路的遊客對這個港口留下深刻回憶，恐怕是不容易的。

這是鄰近恆春海角七號的車城鄉海口村的小漁港，同時也是海洋、平原、山地的交界處，近年因沿岸附近的「海口沙漠」熱，而漸漸吸引人潮，遊客在假日來此或戲水、撿拾貝殼、捉螃蟹，或沿著海灘漫步，享受海風襲來的休閒樂趣，不過，人們可能很難想像，這曾是貨運轉運處的海口村，整個恆春半島對外唯一交通的小漁港，過去這裡可以說是窮鄉僻壤，窮苦破落的地方，人們過著十分艱困、甚至吃不飽的生活。

在海口村有一座燈塔，燈塔旁就是我生長的地方，在這樣人人吃不飽、穿不暖的年代裡長大，村裡的人卻樸實到不行，他們很樂天知命，從來都不曾為了物質的缺乏而過得不快樂，在我後來人生遇到困境時，就會想回到海口村，那樣的氛圍和樸實，彷彿能幫我充電，給我力量繼續往前衝。

那樣的海口村，環境雖然不好，但我父親童年在那樣困難的情況下，還能憑藉努力畢業於恆春高等科學校、東港水產補習學校，就學識能力來說，在當時地方上也算得上是很夠水準的人物了。

那時還是日本殖民統治台灣的年代，父親從東港水產補習學校畢業後，雖然當時有機會到北部獲得高薪的技能工作，但為了「父母在，不遠行」，不想離開他最愛的親人太遠，他選擇了留在窮鄉僻壤，自願到屏東滿州九棚國小教書。按當時日本殖民時代，一個剛從高等學校畢業的人，就能取得公學校的老師工作，或是擔任巡查（警察），一般稱為「大人」等公職，這在當時的社會地位可以說備受重視。

其實父親畢業後、到學校教書前，曾經隨船討海，到過中國大陸及東南亞、印度和日本沿海各地去捕漁；隨著漁船的靠岸，遊歷了那些到過的國家，看見了各地的風土民情，開拓了他不同的視野，也增長了不少知識，這些討海的經歷，他的心胸和眼界隨著遠洋漁船，優游在廣大無邊的海平面上，和各地特色，有著一望無際的遼闊，進而深深地影響了他的人生觀、世界觀，以及日後對我們的教養。

由於他在求學時代時，喜歡廣泛閱讀，通曉中外各國文史，吸收了各種書籍的前人智慧，加上跑船時到過世界各地不同的國家，所以在學校上課教書時，對於他博大精深的講解知識，和介紹不同國家的風土，成為他教學的一大特色。

對於父親廣博的知識，給我很大的啟發。那時才小學一年級吧，還記得有一天晚上吃飯時，一家人圍在飯桌上，父親問我們：「你們知道卡車長得怎麼樣嗎？」「卡車？」大家一時你望著我，我望著你，不知道什麼是「卡車」，父親看到我們茫然無知的臉，於是用筷子沾了菜盤子裡的湯汁，在餐桌上畫出了「卡車」的樣子，我到現在還依稀記得爸爸畫的卡車輪子特別大，車子特別高。於是父親接著說關於卡車的種種威力，卡車一次可以載很多東西，卡車跑得很快等等，那種感覺好像現在的小小孩看到真實版的「鋼鐵人」吧，讓我們充滿了稀奇和不可置信。

當晚，由於在飯桌上「卡車」的議題，熱烈發威，各種問題隨著父親的描述，大家不斷的提出來，包括母親也以不可置信的態度，質疑父親到底有沒有把「卡車」說的太神奇？父親據此做了最後的結論，他說：「人生就這樣，有許多事情，別人早就已經有重要研究成果了，只是由於你孤陋寡聞，知識不足不懂而已，不是人家跟你一樣無知。」

父親的話對當時的我來說，似懂非懂，但後來成長的過程中，經由父親不斷在別的事情裡，重覆提起這個觀念，我才清楚：「對於你概念裡沒有的東西，先不要否定它的存在，對於無知，人會被淘汰，世界不會因此停止進步，……應該要以開放的態度，去接受，去學習。」

父親由於飽讀群書，算是有知識見聞的文青，當他正以「教不倦，悔不怨」全心全力投入其熱愛的教育工作之際，突然發生了一件令人其難以容忍的事件，即所教的一個學生仗著其家長乃是與官方甚為密切的關係，不時的仗勢霸凌其他家境貧困的弱勢同學，甚至在一次活動中無緣無故毆打一位善良但家庭貧弱的同學。父親對那位犯錯的同學主張應予嚴懲，甚至建議予以退學處分，但那位犯錯的同學家長卻透過官方出面干預公學校對犯錯學生的懲處。甚而，是非顛倒，那位受欺凌的學生反而受到公學校當局的處分。父親對這種不公不義之事甚感悲憤，不但向公學校當局提出申訴，而且向當時的政府有關教育主管當局上書表達嚴重抗議，但仍無法為那位受屈辱的學生伸張公理正義，讓他憤而辭掉公學校的教職。父親這種堅持自己理念，為學生遭受的不平出頭，不屈服惡勢力的精神，深深地影響了我的人格與志向。

父親心性剛烈，毅然辭去教職後，在當時以他所受的技能教育來說，想到外地謀生闖蕩一番也很容易，但是當時祖父祖母身體並不好，在那個交通和通訊不發達的年代，有個什麼事想通知一下，或想見上一面都是困難的，父親為了珍惜家人們的緣份，捨不下祖父母和家小，只能回家耕田捕魚，藉以維持家計。

但一家數口，有老有小，尤其孩子們都還小，食指浩繁卻收入有限，家裡時常有一餐沒一頓的，過得十分艱苦。面對家裡米缸時常空空，飯桌上很少吃到肉味的艱難苦境，若是一般人應該大部分都會為了生活低頭吧！但父親在大是大非面前，堅守自己的原則和立場，不為五斗米折腰，這樣的行事風範，給了我們最好的身教。

父親畢業於東港水產補習學校，在當時這樣的學識程度，已經算少有的中上之士了，加上父親是個性情中人，個性耿介正直常為鄉民出頭，在鄉里間很受到愛戴和信任，有時村人有爭執，總尊敬父親是個有學問的人，而來找他排解爭端，而往往父親的處置方式，也受到雙方的肯定，由於這樣的情況時常發生，後來竟被鄉人推舉成了村長。

雖然村長是一個小到不能再小的地方官，但父親在這小小的治理範圍中，每處理一件事，都用他的行動力享受助人最樂的哲學，對他來說，能幫助人，看到人家因他而解決了問題，紛爭得到了好的解決，那是再快樂不過的事。而他在處理每個村民的問題時，那種用心聽著村民訴苦的神情，直到今天，彷彿依然十分清晰的在我眼前，他看來是那麼用心且專注看著投訴者的臉，那種真誠和感同身受的態度，也許不需要言語，就已安慰投訴者的心了，那樣的畫面，始終深深地刻在我腦海裡，父親對於別人的事一如自己的責任，並以做為村長的榮譽感，感染了我，成為我日後從事行政工作時最好的效法對象。

雖然當時家裡人口眾多，生活很艱困，父母對我們的教育還十分注重的，他們總認為讀書能改變命運，所以無論如何都要我們好好讀書。於是每天日出即作，日落往往還不得休息，在他們臉上、在他們身上，我不止一次看著斗大的汗水濕透他們的衣衫，但為了栽培孩子們讀書，從來不怕七八月南台灣炎炎會吃人的太陽，也不怕一二月寒風刺骨的冷冽，他們的身影仍然在山上、在田間、在屋前和屋後，努力的勞動著，為了子女的讀書及人生的美好，堅定意志的操勞著。

父母揮汗給我們的，不止是人生光明的道路而已，還給我們樹立日後如何成為好父母的最佳示範。

想想今天社會上，層出不窮的親子社會事件，甚至人與人的爭執，探究其紛紛擾擾的原因，主要問題還是出在個人都太自我，把「自我」看得比一切都重要，因為太自我，所以不能為親人或別人付出與犧牲，尤其享樂主義當道，個人只追求自我的享樂時，不了解什麼才是人活著真正的價值，價值觀不同了，也就沒法為他人付出與犧牲了。為家人付出，為別人付出，證明自己存在的價值，所能得到的快樂，其實遠遠超過只愛自己。人的價值不在於自己享樂了多少，而在於為多少人做了服務；結局不在你在乎多少人，而是有多少人因你的付出使人生更美好。

父親全心全意的愛，無私地付出了的辛勞，滋養了我們的身體，那種「家人優先」的品德節操，也完整了我們的人格，若今天我有一絲一毫的成就，第一要感謝的就是父親。

2 快樂晚餐和生活中的那一點苦

媽媽煮好菜飯，一定等全家都到齊，在餐桌前坐定了，等父親喊那一聲「開動」，大家才一起吃飯。每當吃晚餐時，我都有一種等待，一種興奮，一種雀躍，只等著那一聲「開動」，……開始了一段填飽身心快樂的旅程。

大約民國49年左右，那時我大約小學到初中，國民政府剛退守台灣，整個台灣瀰漫在戰後衰敗悲涼的氛圍裡，民生凋敝，百廢待舉，一般人家裡生活用品，吃的穿的用的，都非常缺乏，再加上我們家裡手足眾多，食指浩繁，需要刻苦耐勞，省吃節用才能勉強活下來。

父親自從辭掉了教職，每天天剛亮就要出門務農，母親除了操勞家事外也要幫父親務農，而我們這些半大不小的孩子們，除了上課外，下了課也要幫忙耕田、放牛、做農務；全家都要上山下海為了三餐而奔忙，而飯桌上卻餐餐幾乎是地瓜玉米青菜蘿蔔，除非過年過節，否則看不到雞鴨魚肉，在那樣窮困的環境裡，我們一家人卻不曾為了沒有錦衣玉食或玩樂而感到痛苦、抱怨或沮喪，非但沒有因家裡貧窮陷入愁苦，反倒因為一家人能聚在一起，感到心裡踏實而快樂。

對於家裡的困境，家中另一位要角——母親，即使缸裡沒米、再怎麼過不下去，也沒有過一句怨言，從小到大，我甚至不曾看見母親為了錢與父親吵過架；試想，若換做今天處處為自己爭權益的女性，面對丈夫為了堅持自己的原則放棄報酬優渥的工作，而讓家中陷入經濟困境，不知有幾位妻子能不抱怨？或能給予丈夫支持？想到有為有守、個性剛烈的父親，若不是背後有默默支持無怨無悔的母親，家裡會是什麼狀況？這種彼此支持對方，尊重對方的態度，對我日後的婚姻相處之道，樹立了良好的典範，在他們的身教下，不知不覺受到深遠的影響，沿用到後來我們自己的家庭中。這種兩人互相扶持建造的家庭，這絕對是幸福家庭的基礎！

那時不管白天多忙碌，多辛苦，但到了晚上就是全家最快樂的時光，尤其是吃晚餐。每天的晚餐，都是媽媽煮好菜飯，兄弟姐妹們幫忙端菜盛飯，擺碗放筷，一定等著全家都到齊，在餐桌前按照高高矮矮坐定了，手捧著碗拿好筷子……。等父親喊那一聲「開動」，大家才一起吃飯。每當吃晚餐時，我都有一種興奮，一種雀躍，一種等待，只等著那一聲「開動」，感覺將開始了一段快樂的旅程。

在那個沒有手機，沒有電視，沒有網路，一家人吃飯不當低頭族互傳line問候的年代，坐在餐桌前挾一口菜，配一口飯，搭一句閒聊，伴隨著爸爸不時傳來的……XX坐要有坐相，碗要端正，吃東西不能發出聲音，還有四書五經，算術猜謎，腦筋急轉彎……飯桌上每個人把今天發生的大小事，如同飯碗裡的米粒一定要吃的乾淨一樣，也鉅細靡遺、毫不保留地和家人分享著，一點一滴的幸福也同米粒不能灑落地般，點點滴滴吃進心裡頭；現在回想起來，那時的晚餐，有著父母給我們滿滿的愛，和優質的家庭教育，覺得很幸福，非常美好和珍貴。

反觀現在有些人家的晚餐，家人們自己低頭滑手機，既不和家人互動聊天，也不專心用餐，甚至先到餐桌的人先吃飯，不講求一家人在一起共享的幸福，更不要說餐桌及生活禮儀，沒有一個好的以身作則，更沒有好的生活禮儀教育，又怎麼能教出有品質的孩子呢？更嚴重的是沒有家人一起分享的晚餐，養成了人們從小就與人疏離，和自己家人都疏離了，長大後進入社會，怎麼容易和人親切互動而合群呢？

而我家飯桌上交織著父親的故事，母親的禮儀教育，兄弟姐妹的嘻鬧，那樣快樂的氛圍，讓我真實的感覺是一種難以言喻的富足，一種心的滿滿幸福，現在想起來，當時餐桌上吃的青菜玉米地瓜，也許物質缺乏了點，但就精神面來說，怎麼會貧窮呢？

那時，村子裡的人大多很貧窮，難以度日，但是每次有人沒錢吃飯，爸媽那種幼吾幼以及人之幼側隱之心便油然生起，即便我們家也非常艱苦，但爸媽總會想辦法找食物給學生吃，有段時間爸爸在當老師，他不但把學生邀到家裡吃飯，甚至還幫有困難的同學代繳學費，而媽媽也順著父親，把這些小孩當成自己的孩子一起照顧。

關於那時生活中的辛苦，父親對「苦」的定義和別人不同，他總是相信物質缺乏的苦不是苦，只有不清楚自己該做什麼，該往哪裡去、對未來沒有希望才是真正的苦。以前我始終不明白，為什麼我們家已經那麼窮了，爸媽還要擠出錢或食物來幫助別人，直到今天過了大半生，經歷了社會及人生的洗禮，有了自己的家庭，有了自己的人生經歷後，我才體會出父親這種樂觀奮鬥、堅忍不拔的意志力及樂於助人的價值觀；是的，生活的苦不算什麼苦，吃點苦又算什麼？知道自己的人生該做什麼，該往哪裡前進，怎樣活才是自己想要的人生，這才是最重要的事。

父母的愛就像落山風中的木麻黃，不論環境如何，都能夠屹立不搖地堅守自己的崗位，做個稱職的防風林，陪伴著林內的幼苗成長，不畏強風，不怕寒冷，只惦念著幼苗的榮枯，絲毫不計較自己的勞苦，他們平凡的身影，從來都生根在我心底。

3元與希臘哲學家皇帝

……讓孩子在吃苦中，訓練及養成生活的能力，唯有孩子自己有謀生的能力，才是對他終生生活最大的保障。

屏東海口村的落山風，摧殘著一群貧窮的人們，由於家裡實在很窮，兄弟姐妹又多，在那麼窮苦的環境，讀書對村裡大部分的人來說，已經是奢望了。國小畢業後，原來家裡實在窮得沒有辦法上學，一度我想幫父親負擔家計不再升學了，父母即便想不出什麼辦法來，但還是不放棄讓我唸書。

記憶中最清楚的是上初中時，註冊費要繳436元，在那一個家庭一整個月收入也沒200元的年代，要怎麼繳出436元的註冊費啊？學校註冊的前幾天，父母由憂心四處「撞錢」，煎熬到……就要放棄了，學校的老師們也一再鼓勵我繼續讀書，但，那種無能為力就是無能為力的困窘，真的逼得父親很喪志，儘管外在環境一直顯示，我可能無法升學讀書了，但我的感覺不一樣，不知道那裡來的信念，也不知哪裡來的力量，即使已到了那種絕境，我就是感覺到我能繼續升學。

初中開學前一天，父親突然想起很久以前曾借錢給朋友，雖然心裡也明白在這麼艱難的時候想要人還錢，應是絕對不可能；但老天似乎聽到我全心全意的呼喚，也知道我想升學讀書的堅強意志，哈，不可能的事情發生了。那天父親在路上遇到那位朋友，於是把我沒錢註冊的困境告訴他，希望他可以還錢。沒想到這位窮朋友聽了父親的話後，立刻答應當晚就還錢，並且承諾會把錢還來家裡。結果，真的，當天晚上這位朋友真的拿500元來家裡，第二天繳交我的註冊費足足有餘。

那個年代的孩子，想進學校讀書，對大部分貧窮子弟來說是十分困難的，但不管多難，大部分的人還是想盡辦法要讀書，因為唯有升學讀書，有自己的專長，才能改善生活。但這些年來台灣相對生活的環境好很多，孩子少了，當父母的往往要追著孩子吃飯，要逼著孩子讀書，但孩子也不一定肯吃飯，肯讀書；這到底是哪裡出了問題？難道現在專業能力不再重要了嗎？還是父母或師長給孩子什麼錯的教育思維？

人本主義者，總以為教育要以孩子為主體，尊重並以引導的方式來教養孩子，這樣的出發點立意雖然很好，但是，孩子這麼小，所有來自他想要或不想要的判斷，真的沒有問題嗎？孩子有沒有能力做對的選擇判斷呢？而每個父母是否具備了足夠的專業，可以這種以人為本的方式來引導孩子學習？是不是每個孩子自我特質，很小就能判斷無誤？更何況有些父母，以補償的心態，想把全世界最好的享受，全部給自己最心愛的孩子，但這樣的父母，有沒有想過，包辦了孩子所有該學習及該做的工作，是愛孩子還是害孩子呢？

過度保護孩子的父母，包辦了孩子生活中所有的一切，甚至包括穿衣，吃飯，每天要做什事，要玩什麼遊戲，都捨不得讓孩子動手做，以為這樣就是愛孩子；在一心只想把全世界最好的東西都給孩子的同時，卻不知道已把孩子當寵物養。

沒有給孩子生活的訓練，很多生活的能力就沒有機會學到，等孩子長大了，有些事過了那個時間點，就找不回那個學習及訓練的機會了。真正愛孩子，其實不要怕讓孩子吃苦，該讓孩子在吃苦中，訓練及養成自己生活的能力，因為唯有孩子自己有謀生的能力，才是對他終生生活最大的保障。

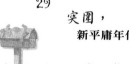

在貧窮環境中長大的孩子，因為早早就體驗了生活的艱苦，早早也就認清了自己該如何努力才能脫離貧困，也因為生活的匱乏，所以事必躬親，在實做的過程，自然訓練了他能力及技能，誠如孔子說的：「吾少也賤，故多能鄙事」，如果孩子從小就常掃廁所，洗馬桶，煮飯，整理家務，那長大後做家事就是小事；如果孩子從小就會除草種地，那長大後植物的基本常識一定有；如果從小就搬重物做苦勞，那長大後就能體諒苦勞人的感受，和善對人。生活中的這些訓練，教養了孩子不同的觀念和思維，誠如大家熟知的「希獵哲學家皇帝」的訓練方式，把皇帝從小就放生在荒野森林中，任其自生自滅，唯有衝破種種困境，和各種野獸，毒蟲，惡劣環境競爭，還能活者的才配當皇帝，才具備能力處理國政。現代父母師長，在愛孩子過程裡，不要輕易剝奪養成孩子擁有成為「王者能力」的權利。

4 保母要考照，父母該修什麼學分？

父母的身教言教，特點和行為模式，時時刻刻在潛移默化中影響孩子，孩子會變成什麼樣子？往往只是父母的翻版，……

對於小時候家裡的種種，現在回想起來，雖然物質上有點缺乏，困苦了一點，但父母給我們滿滿的愛，讓我們生活的很豐足，他們做人和做事的方法和態度，時時刻刻都在教育著我們。當時不懂，直到現在明白，尤其是父母那些日常生活的教育和他們高貴的品德和做事方法，是我一生中覺得最珍貴的寶藏，也是我認為最該留存給下一代重要而該學會的課程。

家庭教育實在太重要了，就別說學齡前了，就算已就學，雖然孩子一天在學校有八小時，但無論學校給了他什麼好的教育，也不管他如何努力，都難以抵抗來自他家庭裡更多的影響。父母的身教，是孩子的啟蒙老師，一言一行，都在潛移默化中影響著孩子，一個愛說謊的父母，在他沒有考慮說話的誠信而說的每一句話，相同的說話模式，孩子在浸染下，也學著父母說謊和欠缺誠信方式對人；懶散不肯動手整理家務父母，孩子的生活習慣也整理不好家務；假如父母第一次教孩子學穿衣時，父母沒有受過生活禮儀訓練，只知道穿衣，卻不會把穿在身上的衣服稍做整理，扣該扣的扣子，翻該翻的衣領，只把衣服套上就當穿好衣服了，那父母穿衣服有多邋遢，孩子也一樣，因為對孩子從來都不知道，怎樣穿衣服才是對的，除非這個孩子以後有其它的學習機會，否則也許終其一生都以為，照著父母的模式做就是對的了，原因無他，因為孩子的第一所學校就是家庭。

以教養孩子的專業來說，父母本身具備了什麼專業技能，教養的結果差別也很大，孩子各個年齡，有各階段有不同的課程，例如：新生兒該如何照顧？學齡期的兒童學習的重點該注意什麼？青少年叛逆期的溝通方法有哪些，學校被霸凌或霸凌的調適和引導，戀愛婚姻問題，阿公阿嬤的隔代教養，以及各種學習及心理問題。每一時期的問題都是專業，身為父母的都該有基本素養，才有能力教養孩子。

父母對孩子一生的影響很大，剛出生的孩子就像一張空白的紙，幫他畫出人生第一筆圖畫的就是父母，因為耳濡目染、身教言教，孩子每天都在父母的潛移默化中，學習著父母的特點、知識和行為模式，現在，要當一個保母都要考證照了，要當個好父母，想教出有品質的國民，關於「父母學」這個學程，父母除了必須自我進修外，大學也該開設相關課程，或執政當局該要求學校，開立父母孩子的親職教育課程，要有高水準的國民，必須先有身教言教都優質的父母。

5 打好國學基礎，對人生有什麼幫助？

胡適，梁啟超……到孫中山，蔣介石，毛澤東（最著名的讀資治通鑑），鄧小平直到今天的習近平，有誰不熟傳統國學？而他們又為什麼要讀？讀國學對他們有什麼好處？

民國五十三年，我初中畢業，因為每年報考的人數很多，錄取的名額少之又少，想考取理想的高中，比現在考大學還難，而我為了減輕家裡負擔，卻在要不要升學與在家當農夫中做抉擇。這二條路，一條路是有能力也沒用，要有錢才能選的；另一條路是去當農夫，但當農夫真的不是我想要的。還好，還有第三條路可以選，就是讀免費的又供食宿的師範學校。

我初中畢業時雖然名列前茅，但要想在競爭激烈的戰役中，打敗群雄也不是一件容易的事，於是我不斷地想，要如何才能攻城掠地，怎麼才能為自己加分？

當時屏東師範的入學考試，除了學科要達到相當的水準之外，當中還有音樂、美術、體育也要考，這三科若沒有達到一定的分數，也不能錄取。到了應考那天，音樂和體育，本來我就比較熟悉，所以考起來沒有太大問題，但關於美術，考試的時候考素描，考試時心情十分緊張，所以越緊張，靜物越畫就越不像，最後竟然離譜地幾乎把鳳梨畫成了椪柑，……直到最後幾分鐘靠著平日的練習，慢慢修正回來。交了考卷走出考場，心裡七上八下，不知道有沒有機會考上，此去前途會如何？唯一還有一點安慰的是，我的學科考得還不錯，所以應該有希望能錄取吧。

等待放榜的時間最是煎熬，每天心都七七八八，不斷地想著各種狀況，有時在田裡幫忙耕作，有時吃飯睡覺，整天亂亂想。因為這場考試關係著將有不同的人生，萬一沒考上，依家裡的狀況，我大概只能當農夫了，所以有時竟不自覺的對著神明及廳上公媽祈求，請祂們一定要保祐我考上才好。

好不容易等到快放榜了，那幾天，天一亮，我就在門口等郵差來，早上等，下午等，不安的心總望著路的盡頭，墊高腳跟，眼巴巴望著郵差來我家。哈，終於知道什麼叫「引頸企盼」了……，好不容易，那天路的盡頭出現了一點綠，綠越來綠大，啊，郵差終於來了，……直到現在，彷彿還記得，接過郵差的榜單，那雙手仍在顫抖著，等我打開通知單……看了一下，啊，考上了，我考上屏師範了，我就要成為準師範生了，以後我要當老師了……興奮不已的心，劇烈地澎拜著，我拿著榜單四處衝撞，想告訴阿爸，阿母，和四處遇到的村裡人……。接下來的歲月，從此，在屏師範校園裡的木瓜園下，化雨亭中，度過了幾千個的風晨月夕，在青春燃燒中，在良師益友的切磋下，對未來的企望著，那些充實而天真的日子，蘊積了我人生中最甜蜜而美好的回憶。

後來年紀漸長，回想起這件事，想想我為什麼能打敗群雄，考得好成績，爭取到入學的機會？經過仔細分析才知道，我能打敗群雄，逐鹿屏東師範，最主要的原因是——我的學科考與術科都考得很好，而我的學科能考好，主要是我國學基礎比別人強。

因為國學基礎好，國語文就好；國語文好，要看懂、要理解各科的內容及考題，就很容易；如果國語文能力不好，看懂題目都有困難，若看不懂題目，還能考出好成績嗎？這樣的認知，驗證日後的考大學，研究所，到博士，結果都相同。

這最要感謝的是我的父親，由於他早年行船，遍遊南太平洋和東北亞，不同的國界給了他不同的世界觀，對傳統國學由戲曲到四書五經的接觸，有了他日常中對我們的講述出海故事的材料，而這些材料開啟了我們的視野，也開發了閱讀了興趣，增長了不少常識；父親對中國古典典籍的愛好，增長了我們的國學素養，為我的國文程度打下了堅實的基礎。

傳統國學的四書五經，對於孩子的教育有什麼重要？現代人還需不需要讀各國名著和四書五經這個傳統的國學？請先不要，「逢中必反」，我們可以先看看：為什麼韓國要到聯合國文教組織去申請認證，說孔子是韓國人；為什麼韓國人要把「端午節」也搶去？再看看從五四運動那些主推白話文運動的胡適，梁啟超……到孫中山，蔣介石，毛澤東（最著名的讀資治通鑑）、鄧小平直到今天的習近平，有誰不熟傳統國學，而台灣更能保存中華文化，並融合西方優質文化加以融合並發揚光大，就是西方先進國家或是我們鄰近的日本，他們對漢學之研究亦是頗有成果，而他們又為什麼要讀？讀國學對他們有什麼好處？

是的，讀國學有許多好處。試想這些典籍留傳了五千年憑的是什麼？他的價值在哪裡？能教會人什麼？讀了國學能具備什麼能力。

小從考試就有幫助，大到思路更清楚，文筆更流暢，文章寫得更好，專業能力更強；更到大的好處是典籍裡各種做人處事的道理、方法、步驟、人生觀、價值觀、宇宙觀都有了，甚至倫理道德……，典籍教會在人世中如何擁有知識，有智慧，道德，活出豐厚且饒益的人生。

傳統國學裡有這麼豐厚的資財，如果因「顏色」就把這麼好的東西丟棄，沒有好好利用，對我們來說，真的太可惜了。由於我努力學習過四書五經，諸子百家，因此無論在以後的法律專業或其它專業，從中都獲得很多啟發，尤其是人生觀和價值觀，更讓我獲益很多，人生到了這個階段，對於這麼好的好東西，不忍藏私想分享一下，利益更多人。

6 視界看多遠，理想就有多大！

那些廣大而新奇的世界，隨著父親的航行的路線，我們世界的知見和眼界也從此打開，對人生的理想和企圖，也打破了原本狹小的格局……

父親早年從事跑船工作，隨著漁船的航行遊歷考察過世界十幾個國家，看到不同地方的風土民情，這不但開展了他的世界觀，等他回到家中，他的所見所聞也開拓了我們的世界觀，帶領我們航向更寬廣的世界。

父親到了各地沿海，停船的時間，他喜歡上岸看看新奇的事物，尤其是大陸。那時沿海城市地方戲很盛行，他看了之後便十分著迷，他除了看戲外，不同於別人單單在台下看戲，他還喜歡看劇本，甚至把劇本當成學習的教材，於是他到一個地方，就會把看到的劇本帶回家，除了自己學習之外，也拿忠孝節義的故事來教導我們，當時只覺得故是很好聽，直到長大後才知道都是做人處事的重要道理，例如，孫臏與龐涓鬥法的故事，一直處心積慮

突圍，

想害孫臏的龐涓，最終還是害人害己，演繹了邪不勝正的公理；魏公子信陵君仁而下士，闡明了廣結善緣的重要；楚漢之爭，項羽敗劉邦勝，說明仁厚遠勝武勇，知人善任贏了猜忌苛刻；而《西遊記》的八十一難，說明人生不要畏苦怕難，只要立定志向，有堅毅不拔的毅力，終究上天會幫助你；而桃園三結義突顯友情與團隊合作的可貴，驚天地泣鬼神；諸葛孔明的機智與忠勇，刻畫了能者的生命精彩。

而父親到過其它的地方也一樣，他總會把各地的風土民情，一再講給我們聽的故事，除了啟發做人做事的道理的與教育外，更大的資糧是隨著每一齣戲劇的場景、人物、事蹟；還有當地的風土人情，讓我們小小的心靈知道，除了當時台灣屏東車城海口村之外，還有其它世界，那些繽紛的世界，那些廣大而新奇的世界，隨著父親的航行的路線，我們世界的知見和眼界也從此打開，相對認知多了，對人生的理想和企圖，也打破了原本狹小的格局；日後的留學和人生的規劃，從當時聽故事開始，已種下了種子。

7 父母給我的億萬家財

想盡力發揮自我殘存的價值，希望用一點微薄力量，把父母給我的很好的價值宣揚一下，除了感謝父母，思慕父母的恩惠外，也為社會盡一己小小的心力……

在每個夜深人靜的時刻，每個寂寞孤獨的時分，父親說過的話，做過的事，不斷地在我後來的人生中腦海裡起伏，是他支持著我奮鬥、也是他影響著我的行為舉止，他的世界觀、他的人生哲理，那篤實、敦厚、勤勞、剛毅、善良的精神，讓我在人生中，有再大的難題，只要想起父親給的寶典，我都有勇氣、也有方向一直奮鬥下去；無論人生走過多少個國家，工作做到什麼職務，走過多遠的道路，內心深處都有著堅定不移的動力——愛，摯愛著我的家人，珍貴，珍貴著我生長的的故鄉台灣，父親給我的「家訓」，就是給我的億萬家財。因此，到了現在我才更明白，父母能給孩子的真正億萬家財，不是給他多少錢，而是給孩子好的身教，好的價值觀，並且訓練他生存的能力，唯有給孩子對的人生價值與能力，讓他可以在一生的過程中好好地奮鬥，求得自己想過的生活，才是真正給他們億萬家財。

現在回首過往，我已從青春少年到白髮蒼蒼，身處台灣現在這個環境，雖然處「江湖遠」，但眼見台灣的競爭力弱化，好的文化價值消失，而那些缺失很多的觀念，正在傷害著成長中學童，這對我來說，看著別人受苦，卻不能把自己學習過程所獲得的益處，分享給我熱愛的台灣兄弟姐妹們，心裡十分難受，所以現在，很想盡力發揮自我殘存的價值，希望用一點微薄力量，把父母給我的很好的價值宣揚一下，除了感謝父母，思慕父母的恩惠外，也為社會盡一己小小的心力，讓我關愛的地方變得更美好。

第二部　成長，從踏實的每一步開始

羅馬不是一天造成的，人生的過程如臨深淵，如履薄冰，想要有的豐富知識與智慧，除了一步一腳印，打造堅實的基石外，成功從來就沒有捷徑。

1 大量閱讀——觀念足以改變世界

車城鄉位於恆春半島，依山傍海，風景綺麗。根據車城鄉誌所載，車城鄉古名為「龜壁灣」，鄭成功統治台灣時為防預工事需要而築城垣，命名為「梅露成」，「車城」鄉名乃是鄉人為防禦外患，集結牛車於城外而來的。

在這裡，有一間創立於民國前十一年的小學，也是啟蒙我學習知識的地方，它就是我的母校——車城國民小學。

讀小學時，學生們的一般裝扮就是小黃帽，卡其衣，短褲，各式各樣的布包書包，還有幾乎人人都有的一雙原始皮鞋——打赤腳。

那時，我總以為自己很神，是「神童」，是「神」氣而充滿爆發力的「過動兒童」，整天在學校裡衝來衝去，有時去捉弄同學，有時故意去拉女生的頭髮，時而大聲唱歌，時而大吼大叫，永遠精力過剩，往往早晨第二節下課就把便當吃完了，常常覺得身體裡住著一個樂隊，時時奏著各種快樂的歌曲，我隨著各種節奏，任意律動著自己，讀小學，真是快樂的年代。開始讓我可以安靜下來，耳朵裡聽得進老師上課到底在說什麼？那肯定是從當時我們班級的導師注意到我開始的。

還記得讀小學時，那時候的班導師是一位男老師，身材高高的，儀表端莊可敬，講得一口標準的國語，而且精通客家與台語等語言，演講的能力更是一流，且文筆又非常洗鍊，是一位教學生心投入又很有愛心的老師，對於鄉下的孩子，家裡不是農人就是漁民，同學們都打著赤腳，穿著麵粉袋縫製的乞幫服，雙手指縫裡都藏著泥土，老師常在下課的時間，叫我們排隊，幫我們剪指甲，有時遇到個子較小的同學，老師會在座位上抱著他剪，我也被老師抱著剪過，邊讓老師剪著黑黑的手指甲，邊看著老師溫和的臉，那是一種幸福的感覺。

平時上課，老師除了課本之外，還會帶很多課外讀物給我們看，對於形形色色老師來的書，我最喜歡看一本外國人的書《伊索寓言》，還有其它很多書，同學們都輪流看。而老師每週會講解一本書的故事給我們聽，一學期下來，同學們至少也都讀過十本八本書了。

這個老師當時講什麼我大部分都忘記了，但有一個故事我記得很清楚，那是一個關於「鹽巴」的故事：有一個富翁，他有三個女兒，有一天富翁年紀大了，想財產分給女兒們，一時想不出要怎麼分，心裡才覺得更有保障，於是他們問三個女兒，他在她們心裡，是什麼位置？

大女兒說：爸爸是我心中的黃金，錢是生活所需，黃金最重要了，若分得很多錢，一定會來孝順爸爸的。

二女兒說：爸爸是我心中的城堡，有城堡居住才安穩，若是她分得很多錢，會當爸爸日後的城堡。

於是富翁問小女兒，小女兒回答：爸爸是我心中的鹽巴。

富翁一聽小女兒的答案，覺得小女兒竟然把他比做不值錢的鹽巴，於是一氣之下，把財產都分給了大女兒和二女兒，只叫小女兒打包好衣物，分給她一間小破房。

時間過了幾年，大女兒和二女兒自財產得手後，就很少理會父親，有時甚至給他很難看的臉色，失望的父親，只好去找小女兒。此時小女兒布衣粗食，但卻熱烈歡迎父親的到來，並且要父親搬來跟自己一起住，此時父親熱淚盈眶的問小女兒，為什麼當初要把他比做鹽巴呢？小女兒很坦然的說，鹽巴雖然不起眼，但食物中若沒有加鹽巴一起煮，食物就很難吃，而且吃了也不健康。父親才恍然醒悟。

讀這樣的故事，一年一年，一本一本，當時可能真的不懂閱讀能給我們帶來什麼，但諸如此類的故事，總會時不時清楚地在我腦海中出現，直到有一天，我看到西諺說：「觀念足以改變世界」。啊，對，「觀念足以改變世界，讀書能改變觀念。」

老師要我們大量讀書，讀書是吸收專家數十年研究成果的捷徑，吸收越多的知識，可以憑藉判斷的資料就越多，對事情的分析，也就越能做出更準確的判斷，進而做出對的抉擇，一個人凡事都做對了，自然能得到好的結果，人生也就能快樂幸福了。而他一再強調廣博的大量閱讀，也鍛鍊出我日後考大學，考研究所，考博士……轉任和就新職、有能力對各種專業用自修的方式學習，從老師提供課外讀物我們閱讀開始，可以說是我知識的啟蒙了。唯有閱讀，才能夠建立自己的知識體系，也才能有效地吸收新知，實踐終身學習與全人教育的理想，去適應這個複雜而多變的世界，並進而增加競爭力。

一個國家的人民，如果能夠培養良好的讀書風氣，那麼國民素質一定能夠大大地提升，就像現在歐美先進國家，能夠具備維持良好經濟成長，與守法守紀的高尚情操，根本原因就是國民有良好的知識水平，而知識來自閱讀，閱讀令人視野廣大，心胸和視見也不同。

培養孩子長大後成為一個什麼樣的人？這和想栽種一棵松樹變成什麼樣子道理相同：首先看您想要庭園松還是大樹？若想孩子聽你的話，或過著小確幸的生活，有個工作，在22K和25K中和老闆斤斤計較中生活，那是經過扭曲而塑形庭園松的特質，也就是孩子人生的寫照了；但若你想要孩子成為一顆有能力承擔生活重任的大樹，那樹要長得好，首先要有好的土壤，好的肥料，好的氣候，足夠的水份，和陽光，並且種在夠寬敞的空間裡，讓他養料充足又能自由生長，具備了以上種種條件，才可以讓一顆普通基因的種子，長成大樹。

人會有怎麼樣的人生，其實有無限可能，主要端看這個孩子在學習過程中，接受什麼知識，養成了什麼觀念，具備了什麼環境，……輸入了多少知識，將來才能輸出多少能力。

孩子如果每天只被動的接受學校的知識，為了考試分數，下課了把時間都投入相關學科的考試中，學習只局限在一個小範圍內，那樣就像庭園松種在小小的盒子裡，沒有可以伸展的空間和資量，又如何期待這個孩子長大後能成為大樹呢？

對於古今中外各種知識，廣博的涉獵，正是養成一個孩子能力的主要資糧，有了這些資糧，他才具備了堅實的內涵，唯有內部強大了，有無限的創造力，才可以突破台灣平庸的年代和環境，從無變有的創造力，古今中外的發明家不都是這樣嗎？讓我們看看大發明家牛頓好了！

西元一六四二年艾薩克・牛頓(Isaac Newton)在英國林肯郡的一個農夫家出生，牛頓還沒出生，父親就過逝了，母親過不久也改嫁了，他從小由祖父母扶養長大。由於農家的生活條件不好，因為家庭環境的關係，牛頓從小很孤僻，十二歲就讀格蘭特罕區國王中學，一直到十四歲，他的在校成績都在平均成績以下，但對於讀書，他卻不需要人督促，自己會主動博覽群書，十八歲那年終於考進了劍橋大學三一學院深造。

這時的牛頓對光學很有興趣，尤其三稜鏡所造成的彩虹效應，和二項式定理數學的研究，更是讓他廢寢忘食地不斷閱讀、試驗和研究，這顆興趣的種子，蘊藏、發芽，累積到一七〇四年，終於把成果變成改變世界的《光學》這本書，對後世影響深遠。

到了一六六六年，牛頓二十四歲，發生了件可以留傳千百代的大事：一個午後，蘋果掉在牛頓午睡的地面上——重力理論的數學式從此被發現。往後幾年因為他不斷的在數學上創新和研究，牛頓不但成為劍橋大學盧卡斯講座教授，還親手製作出有史以來第一台反射式望遠鏡，他甚至還曾經在實驗做煉金術研究……。牛頓逝世至今已超過三百年，但他的成就還嘉惠現代人。

由牛頓的成長環境來看，那只是一個很平凡的農人之家，沒有顯赫的家世，沒有很好的學習資源，他之所以有日後的成就，大量的閱讀各種知識，是讓他成就光芒萬丈的主要原因！

老師當時要求我們大量閱讀的真知灼見，令人佩服。他除了不斷的要求我們多讀書外，對於讀書的種類，讀書的方法，和培養我們欣賞美學的能力，也不厭其煩，一次一次的在講台上重覆的講著，好像不講到在我們心裡生根不罷休似的，在她的影響下，我對於新知的好奇，以及求知的渴望，和對於未來不被限制在一個框架中追求成就的觀念，形塑了我求學上進的強烈企圖心和毅力。

世界上有事，是真的假不了。一是，一個人有沒有錢？這只要刷刷銀行簿子、查一查資料就知道了；二是，一個人有沒有學問？這只要請相關專家問他專業上的幾個問題，就一清二楚了；三是，一個人有沒有修養？這只要看他日常言行或打他一巴掌看他的反應就知道了；而一個老師能不能把孩子教養成、日後具有真材實學能力和良好修養的人，從小時候的學習環境，就可以看出蛛絲馬跡了。

2 叛逆青春，知識啟蒙可以對治

也許你記得，也許你忘了，是你的溫馨，照亮我的生命。

俗話說：「美不美鄉中水，親不親故鄉人」，故鄉的泥土的味道，永遠是熟悉和芬芳的，昔日母校生活點滴，一直滋養著我的人生。

民國五十年，我因成績優異得以保送，進入今天恆春高級商工職業學校，當時的初中部。還記得當時無論是初中或高中部，都嚴格執行留級制度，就曾經有一位同學連續三年留級而慘遭退學，今天想起來，覺得自己真的非常地幸運，課業成績雖不算好，卻免於被留級的窘境。

一個人的成長過程來說，第一個啟蒙階段是牙牙學語時，那小小的身軀由小逐漸變大，手足口耳身體的功能日趨健全，睜開眼睛開啟人生的迷蒙，隨著時間推移，小小孩到中小孩，到大小孩，知識的啟發也由無知變懵懂，而小學畢業升上中學後，叛逆期來臨了，叛逆期故名思義，是個不講理的年紀。但為什麼人成長到十三、四歲會進入叛逆期呢？因為這個時期的青少年，除了身體的變化之外，最主要的是隨著身體變化，心理也起了變化。

青少年心理產生變化後，主要受著二個問題的困擾，一是心理如何接受，身體器官等功能的變化，那種前所未有的現象，令人不安和恐慌，甚至精神迷惘，手足無措。第二個問題是，對於未知的世界，爆炸性的各種知識訊息，從四面八方襲來，青少年心智未成熟，知識經驗也不夠，面對各種訊息無法判斷，即使想學習某一專業，也無從下手。這個時期最需要的，不是家長老師跟他講什麼大道理，而是給他心靈和知識的啟蒙和引導，藉由引導和啟發，進入真正的知識的領域，在各種知識領域有所了解和認識後，才能讓孩子找到自己的興趣和方向。

但孩子在這個時期，心靈處理一種恐慌和不信任的狀況中，能給他心靈和知識啟蒙的人並不多，能讓孩子信服的引路人更少，而我就是那個幸運者，那青少年時期，我遇到了生命中的貴人。

當時，屏東鄉下地方的人們生活都非常清苦，卻十分幸運地遇到幾位，在知識和心靈上啟蒙我們的老師，當時的校長、國文導師、歷史老師、數學老師、地理老師和美術老師，他們根本是懷著史懷哲的愛，放棄繁華的都市生活，以專業和學生的同理心，啟發我知識和人生的天空。

對，同理心；雖然他們是校長，是老師，但他們對待我們這群牛一般的學生，卻完全沒有長輩的道貌岸然、嚴肅不可侵犯的界線，除了教課時站在講台上，專業的講課外，闔上課本，說話的方式反倒像同學對待同學般地親切，別說沒有架子了，基本上可以說沒有界線，不管我們發問多麼奇怪的問題，不管我們遇到什麼不開心的事，那幾位老師，都會對待我們，如同對待同學朋友一樣，用同學和同學說話的方式；用朋友和朋友對待的心理，尊重、了解和傾聽我們說的話，最最令人開心的事，對於困擾我們的問題，這些老師就像同學中的智者，永遠提供令我們信服的答案，甚至對那些只敢放在心理，卻說不出口的事，他們都能是我們肚子裏的迴蟲，問出我們的問題，再輕描淡寫的回答著，關於這種問題，智者才有的答案。

在課堂上，他們講著專業，除了對事件的前因後果，交待的清清楚楚之外，最最重要的一點是，把問題的前因、後果、轉折的關鍵因素，當作我們上課的作業，訓練我們分析問題、解決問題、尋找答案的思考邏輯，哈，這是哲學家皇帝的訓練？我記得老師最愛強調的是，希望你們生活的每一天，每件事，都有獨立思考的能力，做一個能掌握自己命運的人，人生的道路，不要人云亦云，不要自己做不了主，處處盲從，即使活，也要活得清楚明白。

他們的教導，其實約略還有一個共通點，那就是一再強調興趣對一個人一生的重要性。一個人該從事什麼行業，該走怎樣的人生道路？以後要報考什麼學校？現在最熱門的科系是不是最好的？我想這是現在很多學生的困惑。但對我來說，人生要做什麼從來都不是困擾，自從我受到以上諸位老師的啟蒙後，有了獨立思考的訓練，當我看到那個木麻黃圍繞著，被海風吹襲而仆倒的可憐村民，由於無知，由於純樸，由於善良，自己歷代祖先留下的土地，就被人霸佔了，卻只能憂慮，悲嘆，認命和無助時，我那過動兒的公理正義心就跳了出來，於是我大聲吶喊：——我長大要學法律，為民伸冤。

是的，一個人該走什麼人生路，該選什麼科系？該做什麼工作，其實不要盲從，該找出自己的興趣，人唯有在興趣裡做自己喜歡的工作，工作才有樂趣，有樂趣才更能投入，更能投入，十年二十年三十年……。專心一意投入一個工作，能不成為這方面的權威和大師嗎？反觀那些盲從追著流行走的人，在所有熱鬧的流行裡，首先必須跟無數的強者競爭，然後因為不是自己的興趣，在工作中得不到快樂，沒有快樂就更難再投入，三天打魚二天曬網的做，那會有什麼成績呢？人生真的要勉強自己跟別人去搶一個窩蜂嗎？不會吧，會被蜂扎傷的。

因為諸位老師知識的啟蒙，找出了自己興趣，從此人生就朝這個目標前進，老師要我學著像木麻黃當防風林一樣，不管落山風如何強勁地吹，也不能有被打敗就放棄的想法，最記得老師引用凱薩的名言：「我來了，我看見了，我征服了，……我不會被打敗，只會被毀滅。」如果人抱持著寧可被毀滅，不會被打敗的決心，那想必已天下無不成的事了吧！

後來我順利畢業保送到恆春中學高中部，接著考取屏東師範學校；再考入輔大哲學系、再轉入歷史系、台大三研所，到文大博士，亦曾先後前往美國奧斯汀德洲大學政府系、日本東京大學等約府擔任客座學者，一路往前走，一輩子真是和法學教育綑綁在一起，將來還打算以法學的相關經驗，貢獻出自己，為台灣未來做點小事。

3 熟讀詩詞與名著，投稿當文青

熟讀詩詞與名著，詩詞歌賦多半講究對仗押韻，名著故事結構完整，寫文章不知不覺就流暢了起來了，多投稿，我成了文青……

白話文運動的領導人物胡適，他推動的白話文運動，是提倡白話文的共主，認為封建傳統的文章是女人的裹腳布又臭又長，極力提倡白話文……但，到了他兒子讀書，自己卻請私塾老師來教他兒子四書五經，而現在韓國想把孔子列為他們的至聖先師，更是人人都知道的國際事件。

胡適是公認的大師，韓國三星對全世界的攻略，從三星手機大賣就可以了解了，為什麼他們搶著要中國傳統文化，而我們卻不要；尤其是胡適，他是公認大學者，又是白話文的提倡者，為什麼要請私塾教自己的兒子？那些傳統文化又憑什麼留存幾千年？存在的原因真的只為帝制服務嗎？而古今中外的世界名著也一樣，存在與流傳，一定有它的道理。

我初中的校長和老師，他們都有深厚的文學造詣，尤其國文江老師，除了教課文外，還隨時在課堂上補充要我們讀的詩詞歌賦和世界名著，我記得有一次上國文課，上到一個段落，提到某位唐朝的詩人，他在黑板上寫了一首五言絕句，寫完唸了一遍，講解大意一遍，然後再唸一遍，就把詩擦掉了，然後問我們會背的舉手，那時的學生，大家都十分內向，膽子尤其小，沒有人敢舉手，後來老師看大家很沈默，於是點名問答，一個一個點，但沒有同學能背出全首詩寫什麼，我正閉著眼回想那首詩，老師忽然叫我的名字，我嚇了一跳，稍作鎮定之外，緩緩地一個字一個字，學著老師的口氣，吟誦出那首五言絕句，一時老師對我很讚嘆，同學更是以羨慕的眼光看著我，呵，當時那種志得意滿的喜悅心情，好像我中了愛國獎卷特獎般……也許就是那種好感覺，從此我愛上了詩詞歌賦和讀名著。

人家問我讀文學名著有什麼好處？我想好處太多了，詩詞歌賦等文學名著，本來就寫情寫景寫人生的種種樣態，每一種樣態都說明了那個人的遭遇，那個人的思想，那個人的心情，那個人的感情，更可以看到那個人的處事方式，那個人的價值觀和人生觀。

歌賦多半講究對仗押韻，字字句句都有相應的關係，唯有那種綿密的牽連多了，情感的表達也流暢了，筆觸下字裡行間都有情，寫的文字也容易感動人，而文學名著的故事完整架構，也訓練了我寫作方式。

我在諸位老師的影響下，時常讀誦老師給我們的各種文學作業，也時常跟著老師吟詩誦詞，漸漸地也寫寫東西，最初的寫週記、寫作文、寫散文，漸漸越寫越多，套句現在的話應叫「文青」（還好不是憤青），老師除了幫我批閱和對文章寫法建議外，也經常鼓勵我投稿，像青年戰士報（現為青年日報）。

青年戰士報紙在當時也算主流紙媒了，我個人則幾十年來，每日都是最忠實的讀者，絕不漏看每日專文，諸如古寧頭大捷、金門八二三炮戰、八一七空戰等戰役，當時國共軍在金門決戰，雙方打的灰天暗地，每一場消息都關係著台灣的存亡絕續，每天每個台灣人的心都糾結在這份報紙傳來的消息上，每當看到將士和敵軍作戰、戰情沈浮不定時，大家的心都糾結到空氣結凍，直到國軍打敗共軍，匪軍不敢越台海雷池一步，到雙方停戰，大家的心才安定下來，但這份報紙仍是當民島民重要的精神資糧。

國文老師看到我寫的散文和評論，就勸我投稿給報社，當我仍十分懷疑自己有沒有這份實力時，投出去的稿件竟然被刊登出來了，刊登的消息傳來，那種興奮久久都不能平息，感覺就像國軍在金門打贏了中共一樣的興奮，我從來沒想到能有這份榮耀（當時文章能被刊登，被一般人認為是十分光榮的事），那種快樂和得意，一時漲滿了我整個身心，等消退一點時，我才想起，能有這樣的光榮，最要感謝的就是老師的肯定和鼓勵，若不是有他指引我投稿，我的稿件寫的再好，也不會有人知道，更何況投稿投到後來，我已不止幫報社寫散文，也開始寫評論，成為專文論述評論人，除了當時有點小小的名氣之外，投稿的稿費還補貼了我拮据的生活。

青年日報創報至今已超過一甲子，該報當時受到軍中及社會各界喜愛，不僅能鼓勵軍心士氣，也能激發青年學子奮發向上，對形塑良好社會風氣更有深遠的影響，是陪伴我成長的好讀物，也使我對軍中多了一分敬畏與嚮往；這讓當時的我每當看到學長姐們穿著筆挺的校服，在上軍訓課或樂隊指揮那種雄壯威武儀態，心中對是多麼的景仰！

人生走過的每一個過程，點點滴滴都不能抹煞，有了過去才有現在，所謂「吃果子拜樹頭」，若說我今日有一點小小的成就，能立足於社會，除了感恩我的父母外，母校恆春中學給我立身處事的影響，是很深遠的，尤其要感謝諸位老師的用心教學和引導啟蒙。

有許多人終其一生，都不知道自己真正的興趣是什麼，每天只按著父母或師長給他的指示做事，在學校時考試考高分，出社會後當個職場上班族，在壓力與無聊中，每天都做著不快樂的事，為了微薄的薪水渡日；但若一個人能找到自己的興趣，在興趣裡做事，那工作的情況就大大的不同，做自己喜歡的事，那裡面就有一份樂趣，工作就變成一種遊戲和挑戰，就像時下電競遊戲的玩家一樣，每天為了破關，要花十個小時，八個小時在鑽研，沈浸在不斷精進中追求下一個卓越，那樣的狀態，工作還有苦澀嗎？

青春期若老師和家長，能引導孩子找到了他的興趣，人生的方向也找到了，當時我的老師就是用大量的閱讀和推薦投稿，幫我渡過青春期和找到興趣的，從此在人生奮鬥中，有了方向和目標。今天想想，真的很感謝老師。

恆春中學，對所有人來說是個偏鄉的小學校，但對從這裡走出去的學子來說，那是一個四季如春，春風化雨的故鄉，昔日的同學，昔日的老師，當時學校裡的那棵大榕樹，伴我們渡過人生最璀璨的青春，多少風晨月夕；在老師的教誨，益友的切磋下，我們擁有純真與美好是人生任何人都奪不走的財富。

如今，雖然當時人事已非，同學也已步入中老年，但母校的一草一木，永遠在相關老師、同學們的腦海魂縈夢繫中，為了那份美好的眷戀，使我們不管分散在天南地北，或海內海外，不管多遠都要像南歸的候鳥，積極地飛回來參與校友會。因為早期的恆春中學包含初中與高中部，後來為實施九年國民義務教育及因限於校地之發展，恆春高中才遷出至現在的恆春高級工商學校重新建校。但無論是初中或是高中部畢業的同學，大家對母校的情感都是一樣的。對於牽繫這麼多人懷念心情的學校，辦學若此，也令人敬佩了。

4 突圍逆轉平庸，用力扔掉剛買來的新鐮刀

小時候，由於家庭食指浩繁，家境很困苦，所以我很積極爭取公費念書，後來所幸成為公費生，更一路保送到念完恆春中學高中部。不過，為了貼補家用，在師範第一個暑假我和同學們一起去打工。結果，工作找了好幾天，我才知道在那樣全民窮困的年代，鄉下要找一份工作竟然這麼難。

最初，我們認為自己身強體壯，又是有上過學的年輕人，要找工作必定不是個難題，所以信心滿滿，滿懷希望的找了一間發綠豆芽的工廠，工作內容就是把綠豆變成豆芽菜那種；不過，當我們說明來意時，老闆冷冷地瞟了我們一眼，問了幾個問題，就揮揮手叫我們走！這是我出來謀職的第一個失敗，沒想到竟然連一個發豆芽的工作都得不到，心裡有一點不好受。

接著，我們到了第二家工廠，那是一間做醬菜的工廠。呵！看著那些堆積如山的青菜，定然需要搬運工，心想這個工作應該可以用我們年輕人了

吧，於是再次信心滿滿地去詢問，沒想到的是，仍然沒有應徵到。

走出醬菜工廠，雖然大家都沒有說出口，但受到社會考驗挫折那份失落感，卻是相當濃厚的，落寞敲打著每個人的心頭；我不想被這種失敗的情緒感染，認為失敗更可以激起我的鬥志，因此鼓勵朋友，要大家積極樂觀、堅持下去，繼續找工作，一定會有所收穫的！就這樣，我們那兩天找了七八家左右，可惜結果都沒有人要錄用我們。

想想再這樣浪費時間也不是辦法，於是使出最後一招，我們決定去農地當除草工！薪水大約一天50元，這次的農場主人終於答應讓我們上工，但條件是必須自備一把17元的鐮刀來砍草，為了快速迎接第一份打工，我們答應了。

第二天一大早，我們一行六個夥伴，相約一起備好昨天下午買的鐮刀，到農場去上工。我迅速投入除草工作中，但由於沒有做過砍草的工作，鐮刀又那麼長，不好操控，所以並沒有好的表現，我一會兒向左砍，一會兒向右砍，卻怎麼也砍不到目標草叢，反而砍得我手上身上都是傷；加上那是暑假，在台灣最南端的恆春，有著很熱情的夏天，那溫度最低也有個攝氏35、

36度啊！「鋤禾日當午，汗滴禾下土」，呵，我想在這裡，比詩人李紳說的嚴重多啦！我的汗何只是「滴」，那可是「如大雨下」！當工作一段時間後，想休息喝水止渴，才發現全身不僅是傷口，更因汗水而濕透了衣衫。

隨著太陽的移動，我們進行著工作。從太陽升起到日正當中，中午休息吃午飯，兩點半過後，早上的疲累還沒有消除，就又要上戰場了；我們個個都成了傷兵，但應徵老闆的工作，領人的薪水，沒有辦法，再怎麼不舒服也要上工。

說到下午，比起早上更加難受，在夕陽西下、下班前，所感受到的熱就像是海風用針刺進皮膚裡，刺痛但還好時間不長；到了傍晚，隨著落山風和海風的變化，終於迎面拂來熠熠清爽的涼風了。

終於，我們放工了，完成了一天的工作，每個人歡喜地領了50元工資。在開開心心的回家路上，我的腦海裡卻不斷浮現問號：這是我要的工作嗎？我就是要做這種工作的人嗎？還有，做這種工作的人怎麼會有這麼好的耐力呢？在一陣陣襲來的熱浪中，我都快要暈倒了。

看到大家有種：「朋友們大家看，太陽已下山，今天的工作已經都做完，撤喲那拉再會吧，……」的心情，唱起救國團團歌般的輕鬆感，我卻不這麼想，當赤腳一起走過一條小河時，我叫大家停下……

朋友問：「你要幹嘛？」

我二話不說，把自己昨天花了17元買來的鐮刀，用盡力氣往河的對岸，也就是剛結束工作的草叢扔去，並看著刀子沒入草叢；接著轉身，一把要搶過朋友手上的鐮刀……

朋友馬上意會過來，閃身躲過我的搶勢，問我：「你要幹嘛啦！」

我回答：「丟掉啊！你沒看到我把我的刀子扔掉了嗎？」

「刀是錢買的，幹嘛要扔掉啊？」，他問著。

「這不是我們要做的工作。」，我回答……

想起小時候幫忙家中農事，尤其在暑假時要去割稻子，我們兄弟姊妹那可真是個個苦瓜臉；因為稻殼上有細細的毛，如果黏在身上，全身會癢個不停，還有稻葉邊緣很利，一不小心就會割到受傷，最好的方法就是穿長袖，可偏偏天氣熱得半死，若把全身包緊很有可能只會換來中暑，真是兩難，弄到最後還是又熱又癢。這種「農村經驗」怎麼會讓人開心起來呢？對我來說，那種經驗真的比讀書還辛苦，我就是因為深感做工比讀書苦，不想當農夫，才努力進師範讀書的嗎？那麼，現在的我，怎麼會在這幫人除草呢？

職業沒有高下之分，只要是對社會有貢獻，就是好的職業；但對我個人來說，在烈日下操著農役，賺取微薄的工資，這樣的工作不是我要的工作，我的體力，我的力氣，我的能力都沒有辦法把這個工作做好，靠著忍耐再忍耐，流汗再流汗，除了得到33元外（17元買了刀），這和我想靠讀書改變人生是不同的。

當天邊的夕陽最後一點餘光射入我的眼睛，我忽然頓悟般有一種決絕的醒悟：做事業就好像進入未曾登過的山，心裡要帶著兩把刀。入山，先抽出鋒利的一把長刀，把後路砍斷，讓自己沒有退路，再抽出一把短刀，往前殺出一條荊棘之道，只能向前，不能後退。唯有沒有後路，就更能努力向前衝。既然心意已決，既然要有所失，才能夠有所得，為了讓自己更堅定，決心把花了十七元買來的新簾刀，用盡全身力氣，把它拋到遠遠的河對岸……。後來我找到了助教的工作，人生依我設定的願望，一步步往前走。

這一兩年裡，我們最常在報紙上看到的字眼，就是「不景氣」，每幾天，就又是「這個漲，那個漲，只有薪水沒漲」的相關新聞，整個社會平均薪資倒退十幾年，社會新鮮人一畢業都等於是失業……台灣進入平庸年代，22K是時代宿命等等負面的消息，但我要非常誠心地告訴大家，路是自己闖出來的，與其繼續怨天尤人，倒不如靠自己的努力去爭取想要的生活。

別只抱怨月薪僅22K，試問哪個時代沒有困局？在戰亂時代都能時勢造英雄了，現在環境有那麼糟糕嗎？為什麼卻只會抱怨？不能身體力行，在陽光下流下汗水，咬緊牙關拼闖出屬於自己的一片天？要我輕易投降嗎？怯戰不是我的名字，要怎樣突破平庸的台灣困境，該如何面對自己的人生路，心態才是重要的，你有突圍的心，有人生的目標，逆轉平庸能夠開創新局。

第三部　心的邊界有多遠，世界就有多大

心的邊界有多遠，世界就有多大；想要有多精彩的人生，就先有精彩的觀念，教育與學習是觀念的養料……

1 教育改變觀念，觀念改變命運

再多的學習，都是為了經世致用，一個學生只會考高分，擁有很高的學位，所學若不能實用，那再高的學位也沒有用處……

民國50年到53年期間，我就讀恆春中學，當時我的成績一向名列前茅，那一屆不但保送、直升母校恆春高中，只有我同時考取屏東高中、屏東師範學校（後來改制為師範專科學校，再改制為師範學院、屏東教育大學、今為屏東大學）。那時就打算繼續往大學深造，於是想進屏東高中，但因為家境清貧，看到爸媽每天為了生活奔波，我心裡很不捨，為了要減輕爸媽的負擔，我便毅然決然地選擇了師範學校。另一個很重要的原因，是我想當老師，因為老師在社會上很受到尊敬；基於這兩個原因，我便進入了省立屏東師範學校。而我沒想到的是，當時的這個選擇，竟然影響了我一輩子的思維，也改變了我的人生。

當時，能考進師範學校的都是各個高中的頂尖學生，而且還得通過音樂、美術、體育這三科的測驗及格才行；而音樂和體育是我的強項，所以我到師範學校時，還參加了合唱團，也因為從小生長在屏東海邊，我也是學校游泳的健將。

在屏東師範學校念書的這三年，帶給我最大的影響，就是「全人教育」。全人教育的意思是一種兼具深度和廣度的教育，深度指的是專業，而廣度指的是通才。當時師範學校校長張效良提倡「三動教育」，三動教育指的是「勞動服務」，「課外活動」以及「運動」；這種三動教育的概念，對當時年紀還小的我是十分震撼，因為我總認為只要把考試的學科讀好最重要，因為考100分才是同學們之間共同的目標，但在這裡，給了「全方位的學習」這樣全新的想法，令我眼界大開。

所謂的全人教育，其實就是一種「體驗教育」和「落實教育」，因為我們是師範學生，未來畢業都是小學生的老師，張效良校長希望我們不要只成為會讀書的人，這樣以後教出來的學生，也會一脈相傳的變成死讀書的人，所以他要我們實際去勞動、去活動、去運動，以真實的社會狀況體驗為出發點，不只局限在考試和分數裡，這樣的教育概念已超越了當時以考試為導向的教育模式，給了我們不同的眼界，也給了我們正確的觀念，因為畢竟再多的學習，都是為了經世致用，如果一個學生只會考高分，即便一生很順遂能擁有很高的學位，但他的專業若只是理論，不能實用，那再高的學位也沒有用處，張校長的創舉，給了我對教育工作很大的啟發。

2 動手做「勞動服務」，人才培育的基礎教育

沒有經驗，那有實務？動手做是一種體驗，除了完成工作之外，也養成勤勞的習慣和做事澈底態度……

在勞動服務方面，當時每天下午，學生都有自己小小的菜圃要照顧，學生要負責整地、播種、種菜苗、除草……，自己耕種，當種的菜成熟以後，還要自己拖著菜籃到市場去叫賣；在學習當農夫和小販的過程中，看著菜苗一天一天的成長，我深切體會到身為一個農夫的辛苦，今天都市裡的小孩，一定很多從來沒想過，每天飯碗裡的一顆米、一葉青菜，是農夫在稻田裡每天揮汗如雨、無論晴雨都得擔心掛念的成果。

動手做過的事，一輩子都不會忘記，因為手也有記憶。就像一個人學會了開車，以後一輩子都會開車一樣，手會記得它曾經做過的經驗；動手做還可以刺激大腦訓練思考力，因為每一個流程、每一個步驟，每一個細節，在動手做的歷程中，都要思考它的前因後果，在還沒動手之前，其實大腦裡

早已想清楚所有的流程了，如果不是先想過了，手還做不出東西來，這是養成一個人能學會面對問題、分析問題、解決問題的一種很好的方式，也是美國合作學習法的精神，藉著動手做的過程，對問題就能一清二楚，能看清問題，就能解決問題，處理起來就有決斷力，所以動手做也可以培養一個人做事的自信。

社會上有許多高學歷的人，眼高手低，只會說大道理，只會談理論，只想當大老闆，但真的要他做，卻畏苦怕難，推委不務實，如果他有親手做那件事，東西做出來是什麼樣子，就有是一個實相，做的東西好不好、能不能用，一翻兩瞪眼，無須辨白，但若只是空談理論，實行起來就會問題重重。動手做是手和心的訓練，除了養做事的能力之外，生活中許多家庭用品還可以ＤＩＹ，所以養成動手做的習慣，對人生一輩子都有好處。

這樣勞動服務的教育，還給了我的另一個體會——「同理心」和「換位思考」，在這社會每種職業，都有他們的辛苦，每人總以自己的角度來看這世界，但當我受了當農夫和小販的訓練後，反能跳脫出自己的角度來看這世界，我發現多了些體諒，多了同理心，也多了些善待人的溫度。

生命中不變的真理，是在生活中學到的，然後在不斷中驗證出來；關於同理心和換位思考，我也體驗到了一樣的道理。很多人在當員工時，總是會抱怨主管，抱怨老闆對他們太苛求；有一次我認識一個上市企業的老闆，在跟他閒聊時他說：「你知道嗎，當這些員工每天在臉書上抱怨老闆的時候，他們常常是在上班時間抱怨的呢，我每天花錢請他們來，他們卻把時間花在回自己的email、訊息、還有處理自己的事情上，我常常睜一隻眼閉一隻眼的；當員工受著我給他們壓力的時候，我也要在外奔波為生存在努力，就算生意不好，還是要想辦法找錢來付他們薪資，大家都是為求生存而努力，不互相禮體，我還要這樣還要被他們抱怨、被他們酸……我簡直快昏倒。」

那時我又回想起，當時在師範學校每天下午種菜的活動的意義；當我聽到了這位老闆的辛酸後，以後無論我身為什麼職位，遇到什麼委屈，我都會想：「在上位者，是不是也有一樣的委屈和辛苦呢？」

同理心和換位思考，我想，這就是當時勞動教育帶給我的另一個意義。

3

當走得夠遠，才知道原來能走這麼遠

人的潛力有多大，誰都不知道，只有相信自己做得到，朝目標不斷的前進，才能達到終點……

教育可以改變一個人；在張校長提倡的這三動教育中，另一個影響我的就是運動。當時我們過著很規律的生活，每天早上六點鐘起床後第一件事，就是先跑三千公尺，然後每天下午都要從屏東跑到長治鄉，來回總共八公里的路程，這樣早上三千公尺，晚上八公里的規律運動，讓我的體能愈來愈好。

當時，每學期舉辦的「萬丹44華里」的活動；要從屏東市跑41.25華里到萬丹，也就相當於每學期要跑一次馬拉松。跑過馬拉松的人就知道，跑馬拉松最令人痛苦的，就是跑到半路發生「撞牆期」，那是種人人都知道會發生，但沒親身體驗就不會知道它實際的感受。

每天早上和晚上的練習，其實我的體力算是很好，全長44華里的賽事，當我跑到20華里時，我認為我是可以跑完全程的，但跑到大約30華里時，我開始發現事情不太對勁，我知道這可怕的撞牆期來了。我的身體急速變疲憊，我的呼吸愈來愈急促，急促到我再也沒辦法調整我的呼吸，就好像有人在我腳上綁了10公斤的鉛塊，踏出去的每一步，怎麼都變成這麼大的負擔？當時離終點站萬丹還有十多華里，我該怎麼完成這一段距離？

那是我第一次切身體會到什麼叫做「舉步維艱」，有人說馬拉松是個「意志力」的運動，當下我完全能體會這件事，撞牆期發生在我身上，我的雙腿已經不是我的，每拖行一步，對我的身體和心理都是很大的折磨；只能靠意志力支撐著我，心中不斷告訴自己「不要停」，「再多跑一步，再多跑一步，每多跑一步，我就離終點又進了一步」。

跑著，跑著，我覺得跑步是自己跟自己在對話，當跑得愈久，遇到愈大的困難，有多想解決它時，跟自己的心對話就有多深。當時的我，一步一步走；我心中想到的是：「只要我一直走下去，剩下的這十幾華里，就算用走的，總是會被我走完的」。就像王建民說的，「我，一球一球投」一樣。這是一句聽起來好像很沒有意義，但那時我就一步一步跑，我一定要把這42華里跑完。

在撞牆期時，我真的不知自己還能不能跑完全程，但穿越終點線的那一刻，我這才懂了，「只有走得夠遠，才知道自己原來能走這麼遠」。人生，總是偶爾逼一下自己才會成長。

當最後一步踏過「萬丹44華里」的終點線，我高舉雙手為自己歡呼後整個人癱坐在地上，雙腳的感覺好像不是我的，我痛哭了起來：還好沒有被身體一時的不適打敗；還好「我相信」了我自己，我戰勝了自己；今天能完成了這次的賽程，以後每學期的「萬丹44華里」，都再也不會是我的問題了。

回首那次的跑步，就像是我人生的縮影，不管結果跑得很順或不順利，就算一開始平步青雲，我們總是會在人生中的某一階段遇到挫折、瓶頸；當下的你，覺得過不去了，完蛋了，撞牆了，但只要你不想放棄，用意志力告訴自己：「再一步，我要再多跑一步，我每次前進一點，都是離終點更近了」，努力的堅持下去，人的潛力有多大，誰都不知道，只有相信自己做得到，朝目標不斷的前進，才能達到成功勝利的定點。

4 健康的0與1

身體是一部不能換的車，你會怎麼保養這部車呢？

我們的教育總是太注重升學，忽略了體育和體能才是一個人的基本。我曾經聽過一句話，「如果你的身體是一部不能換的車，你會怎麼保養這部車呢？」我們總認為健康和體力是無限的，但其實並非如此。「沒有好的身體，是沒有辦法教養下一代的」，當時的老師教了我們一個觀念，那就是「健康的0與1」的概念。

健康是人生最大的財富，但對當時的年輕的我們，是沒辦法體會的，老師常跟我們說，「健康是1，事業、愛情、金錢、家庭、友誼、權力等等是1後面的0，所以光有0的人生是遠遠不夠的，失去了1（健康），後面的0再多，也沒有任何意義。」

但很可惜的是，健康這東西，往往是在你失去時才會知道它的重要性；就像是我們每次在牙痛時，都會默默跟自己說：「下次絕對要照顧好自己了」，但每次在牙痛找醫生過後，我們又故態復萌，繼續亂吃亂喝，不好好照顧自己的牙齒；經過當時學校教育的洗禮後，我體會到運動的好處和健康的重要，我也就自然而然養成運動的好習慣；說來有趣，我到現在還是一樣，無論刮風下雨，每天早上都會到中正紀念堂運動，不斷學習，不斷運動；沒有一天懈怠，沒有一天給自己找藉口，數十年如一日，沒有一天間斷，而這樣的運動習慣，也是當時在師範學校養成的；每天運動的結果，能每天爬十層樓的樓梯而不嫌累。

或許你沒有想過，一個人的體能和他的夢想是有關的，如果一個人的體能不好，他每天下班回家以後就累了，他沒有體力去學習新的知識，去跟朋友吃飯、交流，這樣他的人生就只剩上班和睡覺，但一個注重運動的人，他的體力很好，那就會有更多的時間可以花在他的學習、人生目標和夢想上，所以體能和一個人的夢想是和生活是息息相關的，這點我們絕對不能輕視。

這就正如古人所云：「事業看精神，功名看額頭」之哲理，試問一個年日無精打采的人會有什麼前途嗎？學生要面對的環境愈來愈複雜，大到國家領導人小至任何普通人，都需要強健的體魄。現在世界上很多小國都是因為有強健的體魄，有很好的倫理和法治，經濟也才會好，國民才會受到別人的尊敬。培養優質的國民，有優質的學識和體魄，才能組織優質的社會，才會有優質的政府，如同歐洲的瑞士便是相當注重體育和閱讀的優質國家。體育代表一個國家的國力，在亞洲方面，韓國和日本很注重體育，以及正在崛起的中國大陸也很重視體育，他們一向都將體壇健將視為國家的英雄，這些國家的教育方向就跟當時我們屏師接受的「三動教育」不謀而合，可見體育教育是不可忽視的學科。

而我的體育教育理念，首先就落實在我的三個孩子身上，從小就要他們注重運動，而且是有恆的運動，因為缺少正規的運動的人，以心理層面來說，因為你沒辦法應付這件事，所以遇到更複雜的事你就逃避了；這也是我為何那麼注重「終身運動」的原因。

5 青春無價，單純裡的一些趣事

遇到什麼困難時，我們不是「先拒絕」或「先抱怨」，是先「服從」、「先去做」，然後想「該怎麼完成它」……

當時的我們，除了要把學科準備好外，還要能兼顧體育、美術和音樂，這樣的全人教育就像是在大學中的通識，讓你先把所有東西都先學到一個程度，最後再挑選自己的主修和專攻。這對我們來說其實是很大的挑戰，但就因為都是學校的規定，是「必須做」的事，所以大家也都沒有抱怨，就是服從，就是去做。

當時發生過一件很有趣的事，因為師範學校有點類似當兵，晚上規定大家要一起洗澡；那時候是男生在一邊，女生在一邊，也因為一開始大家都還不熟，所以每個人都覺得很尷尬，到後來是因為學校的命令太嚴格了，我們也沒辦法，反正照做就是了，後來反而覺得大家能一起洗澡是很開心的事，洗著洗著，慢慢也就覺得很自然自在，一點也不難為情了。

或許是當時的年代，大家都比較單純，遇到什麼困難時，我們不是「先拒絕」或「先抱怨」，是先「服從」、「先去做」，然後想「我該怎麼完成它」；這樣的觀念在往後的人生中，不斷地影響著我。

師範畢業後，我在屏東恆春的山邊的「海角七號」旁的大平國校當老師，當時的校長指派我一個任務，因為當時是一年一度的校慶，要讓學生表演土風舞及疊羅漢；我是一個男老師，並沒有學過土風舞和疊羅漢，但因為校長指派的關係，便硬著頭皮、欣然接下這個任務，心中思考的就是「我該如何完成任務」。

因為是鄉下地方，大平國校的學生很純樸，這些光著腳丫子純真無邪的孩子，知道這次的校慶要表演土風舞和疊羅漢，這些可愛的孩子，都願意在放學後留下來陪我練習；就這樣「做」就對了，土風舞和疊羅漢，在我和這群可愛的恆春孩子們，彼此練習和歡笑中完成了；當時也因為有了這個活動，讓我和這群孩子們有了更深的互動和感情，這也是我當初硬著頭皮接下這份工作，料想不到的收獲。

6 沒有理所當然，付出與感恩才是善待自己！

當付出得到感恩的回報時，感恩的心和付出者的心一起激盪了，人和人之間，不在距離遙遠，人和人已從陌生人，進階成了親近的朋友了……。

生活中遇到很多人，對於別人所付出的一切，都視為理所當然，沒有感恩之心，無論是小到對父母、對朋友、對師長、對主管，大到對國家、社會都是如此，這點讓我很無言。

記得在師範學校時，學校平日要我們做勞動服務，幫忙社區打掃環境、除草、清理馬路邊臭水溝裡的堆積物，在學校除了清潔工作外，還要我們勞動種菜、賣菜，再把賣菜得來的錢捐給公益；學校認為「感恩也是要教育的」，當時我不懂，但對於學校這些要求，最初只是按規定照著去做，但是在做這些勞動的過程中，意想不到的結果是，當別人接受我們的服務與付出時，回報給我們的，實在超出我的預期。

我們去社區整理環境，我要先把整條掉滿落葉的道路，用竹掃把一次一次的來回掃，大大的竹掃把滑過路面，掃起了滿滿的落葉，落葉越積越大堆，路面也一寸一寸的乾淨起來，看著乾淨的領域越來越大，路面清潔的面積越來越大，那種戰勝垃圾的快樂，是一種自我的存在感，很開心，萬一有一點漏掉沒掃到的，也許潔癖感發作，一定要把垃圾消滅澈底才甘心，在這過程中，快樂也一點一點累積。

有時我要負責清馬路旁的臭水溝，水溝裡堆積的汙泥和各種垃圾，因為水溝有水，各種雜物泡在一起，發臭的令人想吐，但因為是學校分配到的任務，所以沒有辦法，大家都會輪到。我只好認命捲起袖子，拿起鏟子，旁邊準備好看箕，摀著鼻子，一鏟一鏟的把爛泥鏟起來，放在畚箕裡，旁邊的同學二人一組再抬去倒掉。

剛開始時，很排斥，簡直受不了，但一星期做，一個月做，一年做，漸漸的也習慣鏟爛泥了，水溝也不覺得太臭了。

自己的心，經過了這種歷程，以後對於動手做這樣的事，也不覺得低下或粗鄙了。而因為是免費幫社區做勞動服務，和社區的叔叔伯伯阿姨阿公阿婆們，也都熟了起來，他們除了不斷讚美我們之外，對我們也非常好，有位阿姨是做麻花卷的，每次我去鏟臭水溝時，她都會準備很多麻花卷給我們吃。

同學們和社區的人成了朋友，成了家人，那種人與人之間的感覺，是那麼溫暖和舒適，那種分享和分擔建立起來的快樂氛圍，是非常溫潤的，現在想起來，我那一點點勞動的付出，得到的卻是幾百倍的回報，付出的快樂，真不可思議。

現在的年輕學生，很聰明也很優秀，但是他們時常不知道付出與感恩為何物，我認為這不能怪學生，因為學校和家長沒有教，沒有給他們這樣的教育，又怎麼能期待他們成為這樣的人呢？

一個不懂得對父母感恩、祖先感恩、師長感恩、對家人感恩、對同事感恩、對身邊所有一切感恩的人，是會令人感到討厭，也會給自己帶來很多隔閡，甚至人人對他敬而遠之，原本會是他生命的貴人，看到他不知感恩的態度，就覺得心灰意冷，懶得幫他了，所以我認為他的成就是有限的。

一個懂得感恩的人，會受到別人的尊敬，受到別人的幫助，會得到更大的機會，會有更多的貴人來幫他，來成就他，感恩別人有這麼多好處，但，為什麼仍有許多人受到別人幫助時，卻不懂得感恩呢？這種人不是沒有人教他要怎麼感恩，是，教他也沒有用，因為他從來都只有獲得、甚至是過多的獲得，而沒有付出過。

感恩是什麼樣的感受，從來沒有進入過他的心裡，因為在懂得感恩之前，須在付出之後才更有領悟，當他得到付出的快樂和了解付出時心裡的感受後，才能體會為什麼要感恩。假如，你愛一個人，認為雞腿是有營養且是美食，為了愛他，天天給他吃雞腿，以後他看到雞腿還會認為是美食嗎？過量的獲得，接受者只會厭煩，怎會感恩呢？

但，如果他也有機會付出，由付出後得到或別人的感恩，付出者和感恩者的心就一起激盪了，人和人之間，不在距離遙遠，人和人間已從陌生人，進階成了親近的朋友了。

付出和感恩，是一種相互轉動的蹺蹺板，站上一方，另一方會取得自然的平衡；又像易經的太極圖，一陰一陽彼消此長，但始終是一個圓，一方付出，另一方就回報，一方回報，另一方就付出，才是一種善的循環。那種把兩個陌生人遙遠距離變近了的，是一種溫暖、舒適、真心、純潔和安適的感覺，那樣美好的感覺，是人在社會上奔波、勞累、奮鬥，為家庭、為生活爭扎下，心靈的休息站，安適的避風港。

除了屏師的勞動服務，帶給我對付出與感恩的認知之外，我永遠記得小學時代的諸位恩師們，當時的他們都住在車城國小的學校宿舍，他們把國語及數學、史地等科目文教的很好，個個皆是運動健將且對美術、音樂等皆有十足的教學經驗；他們對學生們很有愛心和耐心，對於家境清寒的學生，時常自己掏腰包替學生繳學費，學生們都十分感謝那幾位老師們的付出與關心，後來我回故鄉擔任小學老師，也以同樣的心去對待我的學生。大平國校的學生，很多是窮苦人家的孩子，雖然當時我的收入不多，但班上有幾位家境清寒的學生沒帶便當，我幫他們買午餐；沒有錢繳學費，我也代繳，這不是我有什麼值得誇讚的，而是我的恩師們曾經對我們付出的身教，學校的教育，讓我感受到付出和感恩，是我們苦悶生活中，心靈溫暖舒適的居所。

在人生過程中，我們常常會受到很多貴人的幫助，我們要誠心誠意去謝謝他，因為凡事沒有理所當然，老師也沒有理所當然要幫助學生，同學也沒有理所當然一定幫你，爸媽養你、照顧你，當我們能摒除那顆「理所當然」的心，接收到別人的善意，也回報善意給別人，與人為善，才是真正善待自己。

人能好好的生活在這個世界上，是非常不容易的，古人說「戰戰兢兢，如臨深淵，如履薄冰。」小時候受父母師長的保護，長大後靠職場朋友同事的幫忙，什麼時候，會遇到什麼狀況，除了令人敬畏的上天外，沒有人知道，能好好的生活，其實已是上天的恩典，隨時存著敬天畏神的心，謙卑與感恩，人生可以少些磨難，多點協助。

7 學然後知不足：終身學習

我很喜歡蘇格拉底的那句話，「先假設我什麼不知道，然後我再來追求我想知道的」。

我看到很多學生，在學校裡總會抱怨「又有好多東西要學，好累，好煩」，但其實很多人的人生，除了在工作上的學習外，就幾乎陷入停止期；我是個很相信自我教育的人，因為每天能隨時在身邊幫助你的人，只有自己。

每天早上起來第一件事，就是去買六到七份報紙，我相信大量閱讀的效果，而為什麼要大量閱讀呢？大量閱讀最新的知識與資訊，可以確保不會被時代淘汰。

在念台大的時候，我讀很多有關於法律與世界文明史的資料，誠如西儒培根所說：「學歷史使人聰明，學法律使用思維精緻。」有人說，這世界所有的事都在不斷重蹈覆轍，所以我們必須學習歷史，以歷史為明鏡；如果我們能從歷史的教訓中得到成長，或從別人的教訓中得到經歷，加以改進，那不是能獲益很大嗎？而且閱讀能把人研究的成果，快速的就吸收成自己的知識了，生活中具備的知識越多，知見越廣，處理的事情也就越強了。

偉大的教育家杜威說：「教育即生活」，我們不是離開學校就不學習了，反而該在生活中的每件事經由不斷學習，讓社會成為我們的教室，身邊的所有人事物，是教練和老師，來不斷教育我們。

學習的方式有很多，我總認為最好的方式，就是閱讀，而且是大量閱讀優良的書籍或報刊雜誌，同時我亦有每日剪報、寫日記的習慣；我先來說為什麼要讀書好了，因為我相信每本書都是作者畢生心血的結晶，如果你是作者，也會將所有想法和研究心血都寫出來讓讀者知道，所以一本書是精鍊過的，如果花個二百多塊能得到作者畢生的體驗和想法，這不是很值得的一件事嗎？

現今這個網路社會，很多人可能會覺得何必買書呢？我上網看看資料就行，但很多你喜歡的書，沒有辦法在網路上都找得到，而且在電腦或手機裡看書，與你實際看書的體驗是不一樣的；我在看書時都習慣做筆記、劃重點，也寫下當時看這本書的心情與時間；因為對我來說，一本好書不是只拿來看一遍的，每次看書的當下，因當時的背景、知識與體驗的不同，就會有不同的感覺；而如果有實體書，我們在房間裡看到了，就會想再去翻閱，但如果是網路上看到的文章，一旦關掉了那個頁面，就很難再去翻、再去看了；而一本好書的價值，絕對遠遠超過這點小錢和時間，若為了省小錢，而失去了得到書裡頭精華的知識，是很可惜的。

在大半生的經驗裡，總認為我的資質不是很高，才華和成就也不高，但因為願意不斷地去學習，所以來自知識的力量，讓我的心可以不斷接受新知往前進，朝著更想要的夢想和目標前進。《禮記》的〈學記〉提到：「學然後知不足，教然後知困，教學相長」。這些先人的智慧，或許大家在求學階段都因為「考試要考」而把這段話背起來，但對我來說，這句話卻是我一生不斷的體驗。

我學習的對象是不拘各種類型的：對人來說，各個年齡層都有我師；對事、對物、對理論來說，都是新知。在學習這條路上，尤其對人，不因為我的學歷、經歷是否比人家稍長，而敢有所怠慢：當我讀到戰國四公子信陵君的故事時，對我影響特別深刻，我對他對「養士」的風範十分佩服。

養士之風在春秋戰國時代很盛行，是國君或貴公子儲備人才、培植勢力的方法。一般貴公子或國君會長期供養一批食客，而這些食客中有不少各種人才，可以幫助維護國家統治或鞏固自己的政治地位。這些國君或貴公子對待底下食客態度往往都很謙卑、不恥下交。當時著名戰國四公子，指的是齊國的孟嘗君、魏國的信陵君、趙國的平原君和楚國的春申君。其中以孟嘗君聲望最高，但對「養士」表現得最徹底的則是信陵君，他的故事讓我十分有認同。

當時魏國的京都大梁，有位叫侯嬴的隱士，雖然年齡七十餘歲了，但因為家境貧苦，擔任看守大梁東門城門的小吏。當時信陵君有位賓客深知侯嬴是個有才學的人，特別向信陵君推薦侯嬴，信陵君知道以後，便派人送禮物給他，侯嬴不肯接受，說：「我幾十年來修養身心，不會因為我身家貧窮而收你厚禮。」於是信陵君就辦了個盛大宴會，等賓客坐定後親自帶著隨從，車上空出左邊的座位（古時以左為尊）去迎接侯嬴。侯嬴上了車，也不謙讓，就在左邊坐下，只見信陵君親自操控車馭韁，態度十分謙恭。

半路上，侯嬴對信陵君說：「臣有個朋友在市場裡當屠夫，請委屈您的隨從，一同去拜訪他。」

於是一行人浩浩蕩蕩到了市場，侯嬴下車去找朱亥。朱亥是個屠夫，侯嬴故意和他站著聊天聊很久，只眼睛不時偷偷地瞄信陵君的反應，只見信陵君的神色更加溫和。

當他們一行人回到信陸君的宅邸，滿座賓客早已等得不耐煩，信陵君領著侯嬴上坐，並一一介紹賓客。酒至半酣，侯嬴才對信陵君說：「今天侯嬴真是難為公子了，我只是守東門一小吏，公子卻親自駕車來迎接，而我為了成就公子愛才的名聲，故意讓大梁市區人群看見那一幕，市井都認為我是小人得意忘形，而更加稱讚公子。」

當我讀到這個故事時，我對信陵君這樣求才若渴，謙卑虛心求才的精神，實在感到佩服萬分，期許自己學習信陵君，在這個社會上交朋友也跟信陵君一樣，不分社會地位、黨派、身份高低，只要是能夠指教我、指導我、啟發我、讓我可以學習的任何貴人，都願以開放的態度廣交朋友，經過這幾十年來的驗證，的確在生活中，這些因沒有設限交來的朋友，在日後工作上，成為我更上一層樓的貴人。

8 生活是一門課：品德決定成敗

很多人學問精深，事業有成就，卻被歸類為「失敗者」，主要就是態度和習慣……

偉大的教育家杜威曾經說過，「教育即生活」。四大古典名著的《紅樓夢》裡寫到：「世事洞察皆學問，人情練達即文章」。

在我的求學階段裡，這書給我的啟發作用太大了，我們以前總認為教育只限於在學校上課，但不是如此的；就算是朋友給你一個故事，一個啟發，或是一本書、一個人給你的啟發，這都是教育。而禮義廉恥、忠孝仁愛、信義和平這些大家耳熟能詳的話語，其實如果能在實際生活中貫徹執行的話，相信更能讓我們體會這些先人智慧的價值，尤其是家庭教育。

工商繁忙的社會，現在的父母和孩子有些很少見面，相互問候的機會都少了，更何況生活禮節的教育，試問，現在早上起來有多少人會問爸媽：「你最近身體還好嗎？睡得還好嗎？」、「爸媽有什麼需要我幫忙的？」，更甚者，我想現在很多人連自己爸媽的年紀都不知道。影響所及，見微知著，這是我們生活禮節和品德教育極需加強的地方。

台灣大學某年母親節時舉行園遊會，不少大學生挽起袖子，用雙手為父母洗腳，表達對父母的感謝，我認為用這樣的方式讓子女表達對父母的愛，是件很值得推廣的事；或許有人會批評在現今生活中，那是種愚孝的表現；但我認為在老人化來臨的社會，很大部分照顧老人的責任由國家負擔，很多老年人甚至認為國家比子女可靠。其實這很大部分原因是因為品德教育的關係，優良傳統文化漸漸消失造成的。

年輕人只想知道父母要給我多少錢，但我們從來不問父母的情況，而父母也認為用錢就可以解決小孩子一切的問題，反正我只要把零用錢給小孩子，他們就會聽我的話；這樣的生活教育是有瑕疵的，現在的社會風氣會有問題，也是因為沒有從小就教導孩子或學生正確的品德教育。

當我讀師範學校時，學校教我們要做到「省親」這個件事，就是當我們每周回家時，會把家裡的情況寫給老師，讓老師知道在家時和父母互動生活細節；而現在的父母很多都只注重孩子的成績多少，能考到什麼學校？這種只注重分數，完全不重視品德的教育，這對一個人的負面影響是很大的。

有關品德教育，我很認同母校屏東師範學院林顯輝校長提出的「成功教育方程式」。林校長提到，「知識+技能X『態度加習慣』次方等於成功教育」，就算讀到博士一樣需要有禮貌的人生態度，讀書固然重要，但好的態度和習慣可以讓所學「加值再加值」。

很多人都在找尋成長的方程式，考試一百分或是書讀到博士，都不及一個正確的人生態度及習慣來的重要，這理念與我小學時代的劉祿德老師強調以謙卑的精神來做終身學習是相符合的。

知識及技能可以不斷精進，態度及習慣卻是靠平日養成，人生的決定性關鍵就在此，有很多人的學問精深，事業有成就，卻被歸類為「失敗者」，主要就是態度和習慣不值得稱頌，自大、驕傲，對世事、對人群不關心，我行我素，自以為是，這樣的做人做事，不但不能加值，還會減分，校長的「成功教育方程式」真的值得深深體會與學習，學問與品德雙修，這是人生無往不利的方程式。

「世事洞察皆學問，人情練達即文章」，品德和人格的養成，除了家庭日常生活中要教導之外，學校教育更不僅限於在課業成績上，在品德教育要加強落實。

9 輸在起跑點，努力贏回人生

對付輸在起跑點的窘境，最好的方法就是學習，就是知識……

輸在起跑點的人，總是要花更多力氣才能跑得跟別人一樣快，一樣遠。因為我自幼貧困，所以從小就得幫忙家裡工作，每天一大早四點多天還沒亮，就得到田裡幫忙工作；由於父母體弱多病，我從小學二年級開始就分擔家務，常常晚上在醫院裡頭照顧父母，第二天一大早趕去學校上課，而成績卻還能名列前茅；因為我是個很「認份」的人，當知道人生的起跑點是輸給別人時，就很清楚我得花更多的努力來兼顧讀書和生活。

後來有機會讀到小布希的非裔女國務卿萊斯的故事，深深感覺她的故事，是我人生的縮影。

萊斯出生在美國阿拉巴馬州，一個普通黑人教師家庭裡，當時美國仍處於種族隔離時代，萊斯的整個青少年時期都得面臨殘酷的種族歧視。在萊斯8歲時，有天她跟著父親在教堂禱告，一枚炸彈突然飛了進來，炸死了4個小女孩；而其中一個是她幼稚園時最要好的朋友。

萊斯回憶，當時的美國社會，一個黑人女孩子想要出人頭地，必須比白人孩子「好出兩倍」。也正是因為生活的磨難，萊斯從小就明白了不屈不撓和自立自尊的道理。她記得有一次父親對她講：「孩子，也許眼前連一家速食餐廳都不讓你進門，不過只要你努力，有朝一日你也能成為美國的總統。」

萊斯的父母告訴他，對付歧視與隔離的最好辦法就是學習、就是教育，就是知識。而萊斯在父母的訓導和自身的努力之下，15歲就考入史丹佛大學政治學系；19歲就以優異成績拿下了學士學位。在學業優異的同時，萊斯還多才多藝，始終沒有放棄鋼琴練習。即使擔任了國家安全顧問要職之後，她仍然擠出時間與諸如馬友友等音樂家同台表演。

「對付歧視與隔離的最好辦法就是學習、就是知識」，這跟當時父母與師範教育教導我的觀念不謀而合，所以我會說：「對付輸在起跑點的窘境，最好的方法就是學習，就是知識。」想起當時我家的環境，幸虧爸媽有著一種「再窮，也不能窮教育」的理念，讓我雖然半工半讀，但還是有機會上學，接受教育，將我這輸在起跑點的人生翻轉過來。

10 買不起的兩本書

因為金恩和林肯做到了，所以我相信我也可以。

民國56年9月，師範學校舉行畢業旅行，我永遠不會忘記那年暑假，是這兩本書改變了我，改變了我的一生。

那是第一次到台北，看著台北的一切，我像是劉佬佬進大觀園般的新鮮；當時，遊覽車停在書局門口附近，在恆春的小地方沒有那麼大的書局，我走進書局，尋找教書要用的「小學算術教學方法論」，找到這本書以後，無意間看到兩本書，我從未想過，這兩本書，一小時，因為相信，改變了我的一輩子。

一本是《林肯傳》，一本是金恩博士的《我有一個夢》。

站在書局裡，當我翻起林肯傳，才知道林肯也是出身在貧苦家庭，他爸媽都是沒有受過教育的農民，他從小也要幫助家裡做農活，母親在他九歲時去世；由於家境貧窮，年輕時的林肯為了生活，當過店員、水手、土地測量員等，也因為家境不好，林肯只有受過十八個月的非正規教育，這對現在的我們來說，是多麼不可思議的事。最讓我感動的是，林肯沒有被貧苦的環境限制，他靠自修莎士比亞的全部著作，讀了《美國歷史》還有許多歷史和文學書籍，在沒有外界的任何資源下，光靠自學讓自己成為一個博學而充滿智慧的人。

當時，林肯為了美國社會的公平與正義發動了南北戰爭，並且宣布解放黑奴宣言，林肯說：「在一生中，我確信，我未做過比簽署此宣言更加正確的決定。」

對當時經濟環境不允許的我來說，我看到林肯這樣一個大總統，也是從如此困苦的環境走來，對我是多麼大的激勵？他從住在木屋到前進白宮，中間不知道經歷多少的磨難，也讓我心中有個深深的烙印，那就是「如果林肯可以，那我一定也可以」

當時在書局看見，改變我的另一本書，是金恩博士的《我有一個夢》。

雖然在1863年，林肯簽訂了解放黑奴宣言，但一百年後，黑人依舊受到種族隔離的鐐銬和種族歧視的枷鎖；在這樣的社會環境下，美國黑人金恩博士，在林肯紀念堂前的演講「我有一個夢」，感動了整個美國與全世界。

當我在書局裡，看著這段文字：

各位朋友，我想對你們說，此時此刻，我們雖然遭受種種困難和挫折，但我仍然有一個夢想。這個夢想是深深紮根於美國的夢想中的。

我夢想有一天，這個國家會站立起來，真正實現其憲法的真諦：「我們認為這些真理是不言而喻的：人人生而平等。」

我夢想有一天，我的四個孩子會在一個不以他們的膚色，而是以他們的品格優劣來評價他們的國家裡生活。

我有一個夢想，有一天，這裡的黑人男孩和女孩能與白人男孩和女孩情同骨肉，攜手並進。

我有一個夢想，有一天我要跟白人平起平坐。

當我站在書局的角落，讀到這一段文字時，我整顆心是洶湧澎湃的，我萬萬沒想到文字的力量竟是如此的大，金恩博士一字一句，整個打中了我的心；彷彿他就在我眼前，對著我說出這些話一般的有力量。

是的，「我有一個夢想，有一天，我要跟白人平起平坐」，如此的勇氣，如此的堅定，如此的相信，我是個屏東鄉下出身的平凡人，我沒有任何背景，我不知道光靠一已之力，我能為這國家，為社會，為我的學生帶來些什麼。但當時才34歲的金恩博士，卻用他的行動，改變了黑人在美國的權利。

當時的我，多想把這兩本書買下來，但因為我沒有錢，一本書十多元，我知道只能選擇買教書要用的「小學算術教學方法論」，這對正被這二本書吸引住的我，是多麼大的兩難啊！

忍住激動的情緒，趕著看書中的精彩內容，我在書局裡站了將近一個小時，直到發車時間到了，遊覽車要開了，同學和老師都來催我上車了，但我還是不肯走。因為我知道當我離開這家書局，就再也沒機會讀完這兩本書了；直到最後全車的人都在罵我了，逼得我這才捨不得的走出書店。

這兩本書啟發了我宏觀的思考，改變了我一輩子，覺得我不止是能在師範學校，我還可以再升上大學、研究所；在此之前，我真的知道、也不相信，我可以再往上念到大學、研究所、博士班。

這次旅行還有件插曲，不得不提一下我當時的小學同學——小白。當我跟他說我要去台北畢業旅行時，問他能不能借我50元；結果他二話不說，就借了我150元。他跟我說：「我的老闆對我很好，這些錢你儘管用，別擔心沒錢還我，你也沒去過台北，想吃什麼就買什麼吧」。當時小白在當學徒，這150元對他來說，絕非是個小數目；我跟他說：「這筆錢對我很重要，我一定會找機會還你的」，但他說：「別這麼說，我們是同學，只要以後好好發揮你的能力，就是對我最好的報答。」這句話敲在我心中，他的真心，他的友情，這輩子這個人，我是永遠欠了他的。

當我心不甘情不願的上了遊覽車，心中仍牽掛著那兩本書；後來我寫信跟小白說，因為這兩本書我被逼上遊覽車的事，沒想到的是，小白都默默記在心中。

有個週末，當我回到屏東家中，發現桌上有個包裹，當好奇的把這包裹打開時，我看到了兩本書，是《林肯傳》和金恩博士的《我有一個夢》；我整個人攤坐在椅子上哭了許久，知道那一定是小白送的，我不知道這輩子竟然會有人願意這樣為我付出，對他曾給我幫助和溫暖，我難以用語言來表達。

11 想和精英爭鋒，你的英文行嗎？

這個時代要好好學英文，不懂得英文的，根本是「文盲」。

在師範學校時我主修英文科，除了上英文課外，還很喜歡看英文小說還有外國影片；當時為什麼特別想學英文呢？因為我認為語言是個跟世界溝通的工具；當時有美軍演習，因為我稍微懂一點英文，所以可以跟美軍溝通，所以美軍就對我特別好；而且當時我看了宋氏三姐妹的傳記，宋氏三姐妹都受過很好的教育，無論是孫夫人宋慶齡、蔣夫人宋美齡還是孔夫人宋靄齡，她們的英文都很好，當時這本書讓我決心要把英文當成我終身應該學習的一門科目。

記得讀到八國聯軍事件，這也讓我印象很深刻，當時我心想：「八國聯軍的軍隊並不算多，但為什麼可以贏我們？」是因為工業革命，這是個「知識的落差」，外國人的科技比我們好，他們的船尖砲利，而從八國聯軍和甲午戰爭的失敗，讓我更了解如果要學西方的東西，還是要借重語文。

看過蔣經國先生著的《風雨中的寧靜》，蔣公寫給蔣經國的信：「這個時代要好好學英文，不懂得英文的，根本是文盲」。這樣的概念，從我當時念師範學院的務農社會，在現今這個科技社會還是一樣；我們常說，如果在現今有什麼技能是一定要學的，那就是電腦和英文。當時對英文不斷下苦功的我，沒有想到苦讀英文，對未來的我竟然有如此大的幫助。

網路的年代，世界是個地球村，生存要和全球一起競爭，在這場世紀的生存競技中，英文是全球共通語言，和全球精英爭鋒，你的英文行嗎？

第四部 攻頂，挑戰另一座高峰

克服自己的心，一座高山還有另一座山高，攻頂，一次一次挑戰自己的極限。

1 輔大到台大，開創人生新版圖

精力旺盛，不要只甘於平庸渡日，該有強烈的企圖心，開創人生版圖，創造事業顛峰，不要浪費生命，精彩的人生，不要等到後悔。

我從師範學校畢業後，在恆春太平國小服務的第二年起，就想要繼續升學。因為在學校裡雖然僅是輔導小學生的課業，但覺得自己專業不足，很多教學須靠大學科目才能解決，像自然科、數學等學科。常聽人家說要精進學養，才能因應未來的時代，且那時我對知識和世界充滿了旺盛的企圖心，認為自己的天空還可以不斷開創，不想就此在小學教書直到退休，對於多彩多姿的世界，我想去征戰，為自己人生的版圖，開疆拓土，所以想繼續升學。

來自貧苦的家庭，我的人生不停地面對各種挫折，當我決定繼續念大學時，面臨第一個難題就是，以前師範學校的課程跟高中不一樣，就算是英文科，跟高中的英文也完全不同，更不用說數理、生物、歷史和地理等科目了；而更慘的是，當時的大學聯考考的是「新數學」，跟我們學的完全不一樣；在那個艱苦的環境下，家裡沒有錢給我去補習，所以我沒去補習班，完全靠自己、靠自修考上輔大；這對當時來自屏東鄉下的小孩來說，要考上台北的學校，是多麼不容易的一件事，還好從小我的英文還不錯，考大學聯考時英文成績考得蠻理想的。

當我考進輔大，在師範學校念的是英文科，但進了輔大我選了哲學系；為什麼要選哲學系呢？主要是當時什麼都不懂，只知道要讀大學，就把志願從所有大學的科系中從頭填到尾，最後上了哲學系。

讀了哲學系後，發現志不在此，我真正想研究的是法律。於是想辦法轉系，但當時的法律系沒收轉系生，後來因為對西方人權史很有興趣，所以就轉進了歷史系；在就讀歷史系的同時，依然沒有忘記想念法律系的夢想；輔大的校風很開放，可以自由選修其它的課程，而我也會到台大旁聽法律和政治的課程並於課餘之際埋首準備司法官的國家檢定及特考等法律書籍，所以在那段求學歲月中，為了想要更多學習的機會，生活過得很忙碌，過得很充實。

輔大畢業後，我還想在法律上繼續精進，卻因為沒有讀法律系不能考法律系研究所。可能老天爺聽到我衷心的祈求，忽然聽到台大要招考三民主義研究所法學組，報考資格不限大學念法律系畢業生，而且將來也可以拿到法學碩士文憑；在知道這個消息後，感覺很振奮，激蕩的心情溢於言表。

於是我努力苦讀，經過一番準備後，如願考上了台大三民主義研究所；在當時，只要能考上碩士班，名字就會被登上報紙版面，可見當時考上碩士是多麼困難的事。尤其台大的三民主義研究所是第一屆，我的競爭對手都是來自台大及各名校的的高材生，我卻以很高的分數考進去；當年整個輔大只有我一個人考上台大研究所，爸媽還有點不相信兒子這麼厲害，覺得是不是同名同姓的人考上了，還要我再三去確認。

當時意氣風發，甚至連已申請到國外就讀的獎金都放棄了，因為從師範畢業旅行開始，我就認定台大是我一生的夢想，如今算是人生有夢，築夢踏實了，我非常興奮，一心想從事法律工作的夢想，就要實現了。

輔大和台大在當時，都是很難考上的大學，考上這兩所大學，對我和我的父母影響都很大；爸媽認為兒子能就讀這兩所學校是件很光榮的事。因為輔大是個名校，很有學術專業的氣息，而台大更是台灣第一學府。當我考上台大研究所，回到屏東親口告訴爸爸這個好消息時，他拍著我的肩對我說：「你是我們全家的光榮，台大是一流的學校，你讀了一流學校的頂尖研究所，這帶給我們家族很大的希望」。

念台大研究所時，兼當家教，學校也有一部分的獎助學金，我總算脫離了從小到大貧困的生活，有一種先苦後甘，苦盡甘來的甜蜜感，這也讓我份外珍惜在台大的日子。

進輔大，上台大其實都沒有什麼了不起，我覺得更重要的是，年輕的時候，精力旺盛，不要只甘於平庸渡日，對未來該有強烈的企圖心，畢竟人只活一次，人生不能重來，年少時錯過的事，年長後不一定能補回來，不要浪費生命，精彩的人生，不要等到後悔。

2 孝順，從顯揚父母的愛開始

多年努力的成果，能夠在鄉里間顯揚父母，不辱沒父母的教導與栽培，讓他們心裡得到一點寬慰，是我做人子的責任。

在台北讀大學開始，父親常從恆春或車城坐一整天的車子來看我，父親小時候受日本教育，當時的台大叫做「台北帝國大學」，他說現在的台大改變很多；在椰林底下，他告訴我，「炎東，你將來是要替國家做大事的人，你要多研究法律，為國家的法律做些事情，台大不只是台灣、還是亞洲的名校，希望你無論如何要完成學業」；當時已經七十多歲的他，講起話來還是聲音宏亮，現在他的一言一語，對我的敦敦教誨，依然歷歷在目。

父親對傳統文化有堅定信仰，因為他去過各地跑船，他知道世界的發展，他說：「你在台大除了讀法律政治以外，還要去了解世界各國的狀況，有機會就去世界各地走一走，闖一闖。」在他的觀念裡，行萬里路，會讓人的世界觀不同，因為見多、所以才視廣，人的視界會因此不同。想成為一位有格局的人物，心胸、眼界和氣度，都要大山大水大世界才能養成的。

當我們並肩走在台大椰林大道，父親因為年紀大了，走路有點駝背，且他總是匆匆地來、匆匆地走，深怕錯過了時間；每當他來，一見面總會對我說「炎東，我來台北沒什麼事，只是來看看你」，每當聽到這句話，我能感受父親對我的慈愛有多深，他只想把握時間多看看他心愛的兒子而已，一想到父親對我的愛和父子之間的聚少離多的親情緣份，心裡總是酸楚的想哭；而每當我送父親到台北車站，看著他一個人坐上車回去的背影，不禁想到朱自清〈背影〉；父親年紀這麼大了，還是大老遠從枋寮坐火車，舟車勞頓了十幾個小時，而且父親的身體狀況不好，這麼一趟下來，對他是很大的負擔，每當看到他來，我就心疼了起來，看著他的背影，我有千萬句說不出口的話，不知道該怎麼表達，當下只能更堅定自己，我立志一定要好好求學，為社會、為國家的法治做點事情，來回報父親。

回到屏東老家，他老人家會告訴街坊鄰居，他的兒子念了台大，而所有故鄉的人，也認為黃炎東從小學老師讀到了台大，是件了不起的事，認為父母把我教得很好，很有理想、是個肯打拼年輕人。對我來說，多年努力的成果，能夠在鄉里間顯揚父母，不辱沒父母的教導與栽培，讓他們心裡得到一點寬慰，是我做人子的責任。

父親是個很堅毅的人，對逆境不會屈服，他以我繼承了他的志氣為榮。在師範學校時，師長教導我們：「身教重於言教；孩子不是聽你怎麼說，是看你怎麼做。」父親不是用說的，他是以身作則，做人生的榜樣。

除了父親外，母親把這個家照顧的無微不至。由於過度操勞，在我大二時就離我而去了，想到母親長年為這個家辛苦，沒有一天可以休息，最後積勞成疾離去，想起自己無法及時行孝，無法陪在她老人家身旁，每當想起母親看著我那種溫柔的眼神，鼻一酸，眼淚就不聽話的流下來，想要再為她盡一點孝心，再也沒有機會了。我真切的想呼籲天下的子女，世界上沒有誰會像父母，不計一切的包容你、愛你，願意無條件為你付出，為你犧牲，有父母在的地方，就是你的家，永遠讓你心安；一旦父母不在了，才知道失去父母依靠，精神上再也沒那麼安穩的力量，可以保護你了，心裡只有悲涼。

行孝要及時。

3 堅定毅志、不斷努力，朝目標邁進

學習是一下子，使用是一輩子，不要讓一下子，害了一輩子。

讀台大時，授課老師們對我很好，那種感覺亦師亦友，那時我當班代表，也當過學生會的副會長，和師長們很親近，時相往來，尤其念研究所那幾年，帶給我很大的影響。只是研究所畢業後，遇到一個難題——當時台大沒有三研所博士班，全國唯一三研究所博士班只有文化大學，只好考進文大就讀，其實文大三民主義研究所在當時無論是師資或是學生之素質是不遜於台大的相關科系之研究所的，文大三研所博士班同學畢業後在當時的出路很好，無論在政府單位、學術界或是從事各行各業亦皆有傑出之表現與貢獻。

當我剛從文化畢業獲得國家法學博士學位，在一日回鄉省親之際，就接到當時台大法學院三民主義研究所辦公室的電話說：台大政治系教授兼三民主義研究所賀凌虛所長以及台灣首位國家法學博士、我的指導教授周道濟老師，共同推薦我去台大教書，並通過台大的各級審查，並經過當時台大校長孫震的批準核發台大的聘書，這個消息真是我從來沒想過的，幸運之神讓我一從文大博士班畢業，就如願以償的回到台大教碩士班和博士班及大學部的法政專題課程；我壓根兒沒想到會成為台大的教授，那是我這輩子最光榮的事。那是民國七十四年，從那時開始，我在台大一教就是將屆三十年之歲月，與台大有了不解之緣。

當我以為這輩子就會一直在台大服務，但命運的安排總是帶給人不同的機緣，還記得當時坐在椰林大道下，父親希望我在有機會的時候，要到世界各地去走一走，我也曾想過希望有機會到法律學十分發達的美國去參訪，沒想到幾年後，我人生的機運就到來了；在台大教書幾年後，民國77年，美國奧斯汀德州大學政府系邀請我當客座學者。

當時我為何有這機會到美國當客座學者呢？除了在台大認真教學外，也拜在師範學校及輔大時代對英文打下的基礎所賜；尤其我大學不是念法律系，所以當初考台大三研所時，那可是比轉系考還要難上千萬倍的，而當時我就是靠憲法和英文才能考進台大，完成我這輩子的夢想，而之後我到美國當客座學者，也是憑藉著我當時對英文打下的基礎。

在我之後擔任中央警察大學專任教授兼任世界警察博物館館長及後來的公共關係室主任，當外賓來參訪時，我也不需要隨行翻譯就能以英文跟外賓進行訪談；我此生沒有在美國念過一天的書，但卻因為英文程度，讓我的生命多了很多機會和能見度。

人生就是要不斷學習，無蝦米輸入法的發明人，劉重次曾經說過一句話：「學習是一下子，使用是一輩子，不要讓一下子，害了一輩子」，不止自己專業要學習，跟自己專業無關的科目更要學習。現在很多人每天下課或下班後，就是滑手機，玩著沒有用的遊戲；我認為那都太短視近利了，總害怕學習會有多苦，要花多少時間和金錢的代價，但大家沒想到的是一個人能擁有比人強的專業，就是當別人在休息時，用了更多時間充實自己，練習過了，學到了，能力具備了，那是可以用一輩子的呀！

從事實真相來看，每個人學習的目的，就是要出社會工作，老闆和顧客是寧願把錢花在一個很專業的人身上，還是寧願把錢花在一個做什麼事都半桶水的人身上呢?學習的痛苦是短暫的，學不到的痛苦是終身的，以親身的經歷看來，當時苦讀的英文，在未來的生涯帶給了我多大的價值。

4 客座美國，學者

一個人或一個國家的興盛，不是沒有原因的，他們的觀念、文化、教育……，是興盛最大的原因。

要去美國擔任客座學者，是多年的夢想，因為我想了解這個國家是怎麼強大的；當時我是奧斯汀德州大學政府系所邀請第一個來自台灣的客座學者；當時也讓我成為聖路易安那州紐奧良市的榮譽公民，對我可說是非常禮遇。

到了美國最大的衝擊，就是我覺得美國人很尊敬法律，他們對人很尊重、也很有禮貌，無論是餐桌禮儀或開車禮儀，都讓人看見這個土地的「文明」。

在台灣，每當我們遇到綠燈要過馬路時，右轉的汽車有時不會禮讓行人；但在美國，當汽車駕駛遠遠看到行人要過馬路，他們會在很遠的距離前停下來，不會給你壓力，直到行人安全地通過人行道。這樣的禮讓行人，感覺像是很小的事情，但這表現出一個國家的文化和教育、國民的水準和素質；一個國家的教育水準，從小地方就可以看出。

另外讓我印象深刻的是，美國人是個很守時的民族，當時我到美國國會山莊拜會南達科他州的民主黨參議員，湯姆・達施勒（TomDaschle）；他非常的守時，而且以他身為一個國會議員的位高權重，在與我訪談的時候，他完全沒有官僚的氣息，對我表示極大的善意；我請教他的問題，他都一一坦承、詳實的回覆，而他對民主政治與世界的看法跟與我不謀而合，他對台灣的友善也讓我十分感動；在美國的這段期間，他讓我看見一個國會議員的政治素養與卓越風範。

美國人在追求學問方面相當務實，他們對一件事情的看法會追根究底，好比說在跟他們談亞洲國家的民主化的看法時，從這個國家的歷史淵源和對一件事情的價值判斷、民主化的進程等，應該如何執行才是最根本的，而對於自由，平等、法治這些主流價值也闡述的很清楚。

在美國擔任訪問學者的這段日子，讓我深知一個人或一個國家的興盛，不是沒有原因的，他們的觀念、法律、文化還有教育，就是他們興盛的最大原因。

當時在美國，我還體驗到另一個很不一樣的「思維差異」。在美國，只要老師在台上問學生：「有沒有任何問題？」，學生們的求知慾很強，大家都會踴躍舉手發問，美國的社會很開放，也很鼓勵學生們發問問題。

但在台灣，或應該說在亞洲學校的學生，每當老師問：「大家有什麼問題嗎？」幾乎都沒有人會提問，大家都只想快點下課，大家對課程甚至對自己的人生是「沒有求知慾」的，學生們只是想「做完」而已，而沒有想「做好」。而且不只是學生，包括出了社會的上班族，也常同用思維過生活。每當我去外面參加社會人士的進修課程時，有時候是婚姻課程、有時候是理財課程、有時是法律課程，每次上完課講師問台下的學生：「大家有沒有問題？」底下的學員們也總是默默低頭不語。

但很有意思的是，如果都沒問題了，應該表示你在這個領域表現得很優秀，所以才會沒有問題，但可是當我私下詢問學員是否瞭解上課的情況，學員們又都是問題重重；於是我發現，真正專精一個領域要的人，通常都是會問問題的人。這點從我小學時就養成習慣，當時我的作文如果寫的不好，我會在下課後向老師請教，我會不斷找資料，然後重寫，直到我寫到老師滿意為止；以後念輔大、讀台大，在下課後還會請教他們解決我的疑惑；賈伯斯說「求知若飢，虛心若愚」，我先假設什麼都不懂，然後再來追求我想知道的，這樣的心態讓我在求學問的路上相對順遂許多。

5 任教警大，「誠」是安定社會的力量

態度決定高度，觀念養成能力，警察幹部教育秉持「誠」字校訓，胸懷天下，肩擔正義，是安定社會的力量。

那時候在美國一場學術研討會中，恰巧認識警大校長顏世錫先生，在美國和他談論我對司法、警政教育與治安改革的一些理念，顏校長博學多聞及精闢之見解，尤其他的英文造詣精湛，令人深為敬佩。回國後不久，顏世錫校長便邀請我到中央警察大學、唯一的警政研究所，教授憲法課程。於是我又從台大教授，變成了警察大學的教授。而當時的警政研究所所長吳學燕教授，曾任內政部移民署副署長、役政署副署長等，助教是蔡田木博士，曾任通識中心主任，現任犯罪防治系所主任。而筆者在警大曾任世界警察博物館館長多年，筆者亦深切體會到顏校長精心擘劃十二年建立的世界警察博物館，對我國警政教育，以及與世界各國學術交流，提升我國警察學術之貢獻，正如現勤警察新聞李純櫻記者所指出的「顏世錫校長所創辦的世界警察

博物館，不僅使全球第一座展示百餘國警察文物資訊的警察博物館在中華民國誕生，迅速提升我國警察的形象聲譽，也為世界警察資訊之整合跨出第一步，真是功德無量，其貢獻足以在警察歷史中永享清譽。」誠哉斯言！

何其有幸，我在警大服務期間，曾兩度奉命接任警大圖書館暨世界警察博物館館長之職務，且也曾在民國94年本校首次受教育部評鑑中，筆者任職圖書館暨世界警察博物館長之際，榮獲校務組第一名，筆者及全體館內之所有同仁在分享這份殊榮時，皆深深的感念顏校長創立世界警察博物館，對我國及世界警察學術的影響甚為深遠。

這些往事令筆者深切感到人生的旅程多奇妙，而人與人之間的關係也是如此。有緣人與有緣的事，總會有相逢的機會。

記得當時到警大授課時，初次面見當時的校長顏世錫先生，那時他的校長室機要秘書，是今天警大的現任校長刁建生，刁校長學養卓越，溫文儒雅，待人熱忱親切。因刁校長的指導與協助，讓我更加對警大建校之歷史與優質的教學環境能有深入的了解，益增筆者奉獻警官教育的毅力與決心，迄今仍是難以忘懷。

按台大的學風開放，學生也非常活潑；而警大的教育在培養優質現代化警察幹部，更注重文武合一，術德兼備，其學生則是非常有禮貌。警察大學從民國25年創立以來，已為國家培養眾多的優質高級警察幹部，分佈於，警政、消防、海巡、移民、獄政以及國安等領域，且皆有傑出的表現與貢獻。警大的校訓「誠」，教人從自己內心本著「真心誠意」做起，到注重「國家、正義、榮譽」之教育核心價值做每一件事。教學強調做中學、學中做，也兼顧人性化、保障人權的教育，因此培育出來的幹部能文能武，可以適應複雜多變的社會，警察的工作對國家社會十分重要，需要身心都健全的人來擔任，有一流的警政教育，才能培養出一流的警察幹部，社會才有好的治安，才能服務人民，台灣的治安能有今日良好的基礎，這都得歸功於警大培植的這些優秀警察幹部。

能到警大服務施展個人所學，加入培育國家優質的警察幹部工作，是個人教學生涯中，最感無比榮幸之事。直到民國八十六年，承蒙恩師謝瑞智校長的鼎力培植擔任警大專任教授兼校長室機要秘書工作。在謝校長屆齡退休後，筆者先後歷經朱拯民校長、蔡德輝校長、謝銀黨校長、侯友宜校長、謝秀能校長及現任校長刁建生先生的領導，開授憲法等有關法政課程，並曾以教授身分先後兼任校長室機要秘書、公共關係室主任、圖書館館長、世界警察博物館館長等一級行政主管十餘年。

在筆者服務警大多年中，深切的體認到警大自民國25年創立以來迄今（105年）之所以能培植那麼多優質的警政幹部，其主要的因素乃是警大的歷任校長在工作上具有頂尖卓越的豐富經驗與傑出表現，他們都能秉持警大「誠」的校訓精神，堅守國家、正義、榮譽之教育核心價值，以前瞻、宏觀、務實、創新的理念帶領一流的行政團隊來推動校務的革新與永續發展。

如今，警大已成為青年學子最為嚮往學府之一，警大不但擁有一流的各科系的專業師資，而學生的素質也是十分優秀，大部分來自考取國內頂尖一流大學、卻放棄就讀一流大學而選擇就讀警大者，尤其近幾年來，有很多考上台大等學府不讀而選擇就讀警大的學生也有逐漸增加的趨勢。筆者亦深深以身為警大的教授為榮，因警大辦學績效不斷的增長，獲得各界高度的肯定，真是與有榮焉。雖已至崇右技術學院服務，但亦每週固定回母校警大開課的最大激勵動因了。

6 崇右技術學院，攻頂，挑戰另一個高峰

人生就像寫一本書…想活出生命的神采，就要很用心的感受，很努力而深刻的描繪…

民國98年，崇右技術學院的林金水董事長，校長梁榮輝在徵得警大長官的同意下，聘請我當副校長兼財經法律系系主任，後來又特聘我當講座教授，這一切是我意料不到的。崇右技術學院的校訓是「正德、厚生」，我覺得這個校訓立意很好，也秉持著正德、厚生的精神治理學校。

現任校長陳啓雄教授，自接任校長以來在既有的良好基礎下，勵精圖治，為校務的發展開創了一個更為美好新境界。崇右技術學院是技職學校，因為我曾受輔大、台大、文化、師範教育與警大的經歷，融合了我人生的一些想法，認為學校還可以更上層樓，於是協助學校朝著升上科技大學的方向前進，後來崇右技術學院轉型相當迅速，所增開的科系也很適應時代潮流，包括設計學群、影視學群、時尚生活學群、商管學群，這大學群都以學生的

需求和社會的就業為主，所以相當受到學生歡迎。

在我這人生的數十年中，曾經擔任小學老師，大學教授，美國奧斯德州大學政府系、日本東京大學客座學者，國立中山大學行政主管班講座，中華民國新聞學會的總幹事、特派員、專欄作家、主筆，全民拼治安論述文集總編輯、警大校長機要秘書、校務發展委員會執行秘書、公關室主任，圖書館暨世界警察博物館館長、崇右技術學院財法系主任，講座教授、副校長等工作，經歷過許許多多不同類型的職務，有教育的，有媒體的，有政府部門的法規委員會委員、顧問；在每個工作岡位上我總認為「做什麼，就要像什麼」，每當有新的職務挑戰來臨，不自我設限的扛起責任，而每到一個新的職位，我總是先努力花上幾年的時間把專業弄懂，熟悉後，接著又接辦下一個不同領域的工作，就這樣一個接一個不同類型的工作，這幾十年的歷練，讓我在法律、警政、公關與媒體、文字創作上都有些資歷。近年來國立台灣藝術大學也聘請擔任廣播電視系的兼任教授，那是因為早年我有在中國新聞學會總幹事的職務的經歷及個人多年來任媒體與法律等學術領域，相關領域亦有不少著作，獲得校方的肯定與厚愛，才讓我有發揮的機會。

在現在這個快速變遷的社會中，無論你的專業或專長是什麼，都有可能因為科技的進步而被淘汰，當數位相機出來時，底片沖洗業就被淘汰了；當電腦出來時，打字機就被淘汰了，當每個人的手機上都有計算機和鬧鐘程式時，製造計算機和鬧鐘的行業就危險了。專長，是在你順境時就要準備好的，因為在順境時學習另一個專長，無欲則剛，在逆境時學習另一個專長，那可就是狗急跳牆了；所以在變化如此快速的時代，必須再次強調終身學習的重要性。

回首過去，我想人生就像寫一本書，這本書從頭翻到了尾，對於學習、工作、感情和家庭，每個階段有甘，有苦，有甜，有辣；每一段經歷，有難關、有容易、有歡笑、有淚水；可以認真地、很努力寫；也可以很匆匆，很精略的寫，但若想活出生命的神采，就要很用心的感受，很努力而深刻的描繪後，才值得人細細的品味，再三的研讀，因為這本書的豐富、精彩，和其中智慧更能給讀者帶來更大益處。

希望各位的人生書，不要寫得太匆忙，太粗略，太沒有可讀性。

7 寂寞，是通往成功必經之路

唯有忍過長期的寂寞之路，技藝才能從意識裡、心裡到外在表現的純熟而精湛，在千迴百折的細膩修練下，意念在傾刻間，將所有美好剎那爆發……，寂寞是通往成功必經之路。

對於台灣這些年來各方面的停滯，小確幸當道，也許由於經濟力不好，大部分的小資族在高房價，高物價，低收入的生活壓力下，生活缺乏動力，台灣社會早已進入新平庸年代了。對於這麼低迷的環境，上課中同學們還有一絲絲熱情的，應該是他們常掛在嘴邊的「文創產業」。

對於台灣的文創產業，自2002年正式被提出後，很大一部分的人，都把台灣未來的發展，寄託在台灣文創產業上，期待著文創產業能創造出另一個「台灣錢淹腳目」的年代來。那天趁著假日，筆者和幾位朋友一起去參觀松山文創園區，松山文創園區佔地很大，尤其誠品書店那棟大樓裡有許多商店，在賣文創產品。過了幾天，聽同學們說西門町的紅樓，也有許多文創產品，於是筆者也約了朋友，到西門紅樓從戶外的文創攤商，逛到一樓，二樓，再從樓上逛下來。筆者仔細的一樓一樓的尋訪，一件作品一件作品的檢查，主要是想了解，台灣的文創產品有那些，而又那些產品有可能銷售到全世界，為台灣經濟創造出產值來。

看過了這二地的文創作品後，原本期待文創產品能為台灣開創另一個經濟榮景的心，有點落空。依筆者的想法，若是這些文創產品的品質，有國際競爭力的水準，那台灣當年那種「家庭即工廠」的年代，也許可以再回來。但是以上述二地的作品看來，雖然有些品相不錯，若加以好好的經營管理和行銷力強的話，應該可以創造一些產值，但是大部分的作品，無論品相，還是實質，既不能稱之為藝術品，也不算是工藝品，做工過於粗略，也不實用。若有一點工藝基礎和美學的概念，就會很清楚，這些文創產品的生產者，並沒有真正用心在研究和生產好的作品上，更多的狀況是，作品本身僅僅有一些美學的皮毛，徒具工藝品的形式而已，產品售價又訂得很高價，以那種品質，想把東西銷售得很好？其實令人焦慮。

以文創產品來說，大部分都「自做自售」，但創作者是否真的思考過什麼是文創產業？文創的定義是什麼？什麼樣的產品，才能稱得上是商品化的文創品？產品的品質要做到什麼程度，在國際間才有競爭力？從發想，設計，生產，到市場行銷，每一個細節，是否已經精研再精研了。否則只做出粗略，有形無體，品質欠佳的產品，又如何能創造產值。

關於文創，1930年左右正當美國經濟大蕭條，小羅斯福總統為了促進經濟發展，提出振興經濟的政策，獎勵青年投入文創產業；1997年英國以文創產業政策推動國家發展，針對文化與創意面進行產業發展政策，開始發展以文化內容產業。其實文創是利用不同族群文化特質，創造出來的產業，包括生活習慣、風俗民情，以及信仰、藝術……，所以文創是須深化文化特質的產業，並非將文化藝術膚淺化的商品，文創是民族文化特質加上現代文化的活化，是文藝復興的創新產品，台灣從事文創的人，是否曾用心在自己文創產品裡找出其歷史脈絡再加以文藝化，從而變成有特色的產品？筆者以為，從事文創商品化者，除了具備專業的品質外，產品相關的歷史思考也很重要。

從文創產品的問題，可以思考，台灣平庸年代真正的問題是什麼？是產品沒有升級，但其實更嚴重的問題是，國民素養沒有提升，廣泛安於小確幸的思維，阻礙了努力，阻礙了進取，更阻礙了強烈開疆拓土，創造自我價值的企圖心。

若想在困境上可以突圍，首先要改變思想，確知到唯有努力，毅力，精進且堅實做好想做的事，才能成功。以我們當老師的人來說，有一句話很盛行：「台上十分鐘，台下十年功！」一個老師要上台去教一堂課，需要經過多少年，修過多少課，準備過多少資料，還要累積多少教學經驗，加上每年寒暑假不斷的再進修，才能夠站上講台；若想要把課講得很精彩，讓學生都能聽進去且有收穫，那除了本科的專業之外，人生的各種智慧也要隨時在課堂上補充，所謂「十年磨一劍」，約略就是有責任感和有能力老師的基本功了。台上那十分鐘，是一個人日夜苦讀，長期不斷努力，不斷精進，不斷在無知與錯誤中，修練累積和磨練的結果。

其實各行各業也都相同，如果現在揚名世界的魔術大師如劉謙、歌手如蕭敬騰、麵包大師吳寶春、林書豪……，他們如果沒有經過每天每天的練習、練習、練習、練習再練習，能夠躍上國際舞台嗎？他們在台前能表演的那麼精彩，在台下每天訓練吃的苦，流的汗，多少淚……，重要的還有無論過程中多麼辛苦，他們無比的毅力總是能堅持下去，……堅毅的個性，不畏苦，不怕難，一天一天苦練，一月一月苦練，一年一年的苦練，在還沒功成名就之前，當別人在嘻戲、喝下茶、看電視、玩樂時，他們還要忍受辛苦和寂寞，咬牙努力，唯有忍過長期的寂寞之路，技藝才能從意識裡、心裡到展現在外，表現的純熟而精湛。在那種千迴百折的細膩苦練下，意念在傾刻間，將所有美好剎那爆發，作品已臻極致，當然能夠感動人，被人接受，甚至成為風潮。由此可知，寂寞，是通往成功必經之路。

小學時候，師長們常說的一句話：「有志者，事竟成！」，一個人想要追求卓越的成就，首先要先認識自己，知道自己的志願是什麼，有了目標才能朝目標前進，只要你有想法，有毅力，不斷努力，終有一天可以「心想事成」，唯有經過種種苦難得到的果實，必然更能體會，揮汗奮鬥是人生最美的過程。

第五部　生活中那些該想一想的事

反省是進步的動力，唯有知道問題之所在，才能用合理方法解決問題，問題解決了，自然就進步了。

1 小確幸當道，台灣進入平庸年代

五，六年級享樂主義——是一個人的旅行還是人手一杯星巴克……

台灣早期經濟得以起飛，是靠著30，40年級的家庭即工廠，客廳即上班，沒日沒夜打拼來的結果，那時在全台灣的傳唱破百萬的歌曲是，〈愛拼才會贏〉，在老一輩的艱苦努力打拼中累積了「台灣錢淹腳目」的年代。他們創造了好的經濟環境，但他們的子女50、60年代出生的人，享用了前輩努力的成果，講究著生命的意義，強調個人存在的重要，於是每天人手一杯星巴克叫做品味生活；一個人的旅行是探索生命意義，家庭裡再也沒有工廠，上班時不能加班，不能要求責任，更不能盡多一點點義務，但要求的權利一分都不能少。

不知從什麼時候開始，台灣許多人喜歡下午沒事就坐在咖啡廳裡喝咖啡，即使月收入只有22K，但對於享受生活，每天都要有點「確定的幸福」，覺得那是非常重要的人生價值，最初開始時，是因為沒有多少事可以嗎？其實並不是，但為了那一點「確定的幸福」，自認合理地只想屁股沉沉賴在咖啡廳軟軟的座椅上，也許也會聊起薪水太少不滿意，但除了發牢騷，抱怨之外，一口一口地把一杯60元，80元，甚至100多元的咖啡或茶點，一點都不覺得貴，非立刻喝下享受不可，對工作只希望沒有壓力，對人生也沒有遠大企圖，只要將小小確幸的幸福感，日復一日過生活就感到很滿足了。對於努力工作，生存壓力，都刻意漠視，而晚上或假日想得到的，不是如何努力學習來增加自己的競爭實力，也不是憂國憂民計劃未來，而是計劃搭高鐵，找民宿，吃美食，或到國外自助旅行，將美食美景享樂後打卡上傳FB，這種自我感覺良好，已成臺灣很多人的普遍的共識了。

幾年下來小確幸帶給台灣的，是整體薪資倒退回十六年前，大學畢業領22K，月薪未達30K的超過123萬人，青年人無法負擔學貸、房貸，甚至不敢結婚生子。在責怪政府無能，讓青年沒有幸福的未來的同時，對於自己的人生有沒有踏踏實實的流下汗水付出努力，對於未來世界有沒有研究了解整體的認識，對於自己心胸和視野，具不具備超越別人的氣度，想不想開疆拓土，開創人生的企圖和理想，已經很久不被人提起了，沒有企圖，沒有氣度，沒有理想，沒有努力，與其責怪誰無能，不如先想想自己對自己付出了什麼？

台灣剛開始流行小確幸這種生活概念時，少數人追求小確幸，只造成一小部份人的影響，但這樣的意識模式成了一股歪風，這潮流很快的變成了星星之火，漫延了整個台灣，接著整個社會都在追求小確幸，並且以此做為幸福的度量標準，那是不正常了。

小確幸最先是從日本村上春樹的〈小確幸〉一書開始，書中認為生活中「微小但確切的幸福」，是人追求價值過程中一種生活態度。傳入台灣卻吹起了強風，許多人於是把人的慵懶，變得強勢又合理。以前老一輩為人生艱苦打拼，努力工作，努力學習古聖先賢心胸視野，創造價值與開創自己人生版圖，做為人生目標，那種價值觀，一下就被打破了，從此進入既埋怨22K，又不想辦法突破22K宿命的小確幸年代。

和尚自從穿上架沙之後，人們就稱他為師父了，其實師父和非師父之間的差別，不止是穿上那一套衣服而已，剛落髮剔度點上戒疤穿上架沙的，在佛學的造詣和個人的修養上，其實還是一般人，但信徒們往往不做分辨，以點戒疤穿架沙，以為都是同樣有造詣的師父。信徒更該知道的是，能被稱為師父的是，那位和尚他有多少佛法的知識專業？他所弘的佛法，有多少慧智能啟發多少信徒？並且能利益多少信徒的心靈及生活？而不是以有沒有剔光頭點戒疤和穿什麼衣服來區分，同樣是小確幸的思維，但也存在著分辨不清定義的問題。

人在努力奮鬥的過程中，不要忘記在生活細節中，尋求或留心精神層面的幸福感，才是真正的小確幸。這和台灣流行的小確幸，其實不是同一件事。

村上春樹的「小確幸」，筆者不了解，但筆者自己解讀的，不應該把慵懶當成是人生的「確定的幸福」。「小確幸」指的應該是，人在努力奮鬥的過程，不要只一味的追求財富，名利，權位、專業等目標的達成，在奮鬥中日常生活周遭生活細節的美好，要有欣賞和品味的能力，例如親人的微笑，溫潤的對待，路邊看到的花花草草，乃至於小貓小狗的可愛，……喝咖啡，摺衣服等等生活中的細節，在繁忙之餘，心裡留個空間，可以看得見、裝得下這些美好，還能以欣賞的角度來省視、生活中點點滴滴值得細細品味美好的事物。

這種品味生活中每種細節的美好，是一種能力，也是一種藝術的修養；一個人沒有欣賞和品味生活的能力，就感受不出生活中細緻的美好，因為這種能力也要培養和學習才能擁有的，台灣大多數想過小確幸生活的人，其實錯解了小確幸。

相對於台灣現在小確幸的價值觀，對台灣少年，青年，青壯年，壯年……各層面的族群來說，影響很大；吃苦耐勞，努力讀書，日以繼夜的家庭即工廠，勤奮工作，創造財富，發揮才能，開疆拓土，創造價值，造福人群，……這些為自己努力，為他人努力，用奮鬥的生命來書寫生命的價值的概念，完全不同，造成這些人對人生的藍圖和人生的企圖變得平庸消極。

一個人沒有企圖，沒有遠見，沒有目標，沒有努力，只在小小的安逸裡日復一日，年復一年的生活，把青春和實力都耗盡，銀行的存款數怎會增加，自己的專業如何精進，時間又累積出什麼結果，由此可見，小確幸當道，台灣進入平庸年代是必然的結果。

因此筆者認為現在的台灣人及青年應該認清環境，收拾起慵懶的眷戀，大步向前行，勇敢與世界爭鋒，因為處在這個全球化的地球村，處處講求競爭力的浪潮大的時代中，台灣人若不能從曲解的「小確幸」之錯誤埋念枷鎖中突圍出來，那將會被時代的浪潮所沖走，跌入難行翻身的逆境矣！

2 在婚姻裡學習，在經營裡獲得幸福！

不能接受花心的感情，無法承受對方一再出軌的傷害，那可見自己不具備處理這個問題的能力……

前些時候，在一年內連續出嫁了兩個女兒，真是讓我與內人忙昏了頭，幸好有些好朋友的鼎力協助婚禮之籌備，才得以圓滿完成。回憶婚禮，牽著女兒的手走進婚姻的紅地毯，把她交到另一個男士的手裡，也把她的人生幸福，一併交給了對方，內心感觸真是難以形容。

一個孩子從出生，牙牙學語，跌跌撞撞的學爬學走路，上小學中學大學……一路向人生邁進，身為父親的我，女兒可愛的模樣，永遠都是心底最愛的人。對女兒這種滿滿的愛，在結婚的當下，她到底能不能幸福？心裡百感交集。基於對女兒的愛，於是我開始思考如何才能保障女兒婚姻的幸福？

現在台灣離婚率勇奪世界冠軍，每二對結婚就有一對離婚，以這種事件和世界各國比賽得第一，還令身為台灣人父的我，感覺尷尬到不行。為什麼得金牌不是其它好事，而是離婚率？

為什麼台灣離婚率會這麼高？到底那裡出了問題？要如何學習經營管理婚姻，才能不離婚？

婚姻要慎始，因了解才結婚

我想婚姻不幸福的原因，可能從草率結婚就開始了。

我們常聽人們說：「因誤會而結合，因了解才分開。」，這是一句注定婚姻不幸福的起始點。

結婚，二個人組成一個家庭，一個共有的家庭，家庭要幸福快樂，先決條件就是這二個來自不同家庭文化，不同性格，不同嗜好，不同……結婚，意味著從此以後，二個人日日夜夜都要生活在一起，從此生活在同一個空間中裡，生活在禍福與共裡，生活在共同利益裡，生活在彼此之後的人生裡，由陌生的二個人，一下子要成為生命共同體，其實是一件很艱難的事，兩個人到底有沒有能力彼此融洽相處，這是個立刻面臨的第一問題。試想一個價值觀，文化背景不同的人，如果他想的，做的，喜愛的都跟你不同，在家裡那個狹小的空間裡，假使看不慣對方的習性，對於他的存在就已經容不下了，又怎麼有能力好好相處？沒有能力好好相處，彼此又無法迴避，那怎能愉快過日子啊？

所以，二個人要結婚前，一定要有一段交往的時間，且交往的時間最好在一年以上，因為有一年的相處，能不能建立融洽的生活模式，大概從生活裡會遇到的各種事情，可以看出對方的價值觀和處理模式，和自己的做法差距大不大，是否可以接受，如果不能接受，是否有改善的可能；不能改善是否要及早離開？

例如，以感情是否專一這個問題來說，這在交往時就可以觀察出來了。日常或出遊時，對周圍的誘惑，是不是不時注意路人甲乙丙丁不同俊男美女？就可以察覺出他對感情的專一度了。如果對方時常對異性放電，那這樣的行為，您是期盼他改過？還是要自我檢視一下、看看自己有沒有那種心胸和氣度，接受對方不斷出軌的行為？

因為一個人對感情的態度，是一種習性，習性通常冰凍三尺，非一日之寒，想要改變一個人的習性，是非常困難的，對於一再出軌的人，若第一次發生您都不能容忍了，那天長日久，不斷地想要求對方為你改過，又談何容易？

假如在開始交往後，就確認對方很花心，而自己又不能接受花心的感情，無法承受的對方一再出軌帶來的傷害，那可見自己不具備處理這個問題的能力，為了避免結婚後不斷地為了這個問題爭吵，最好的方法不是要求對方能夠為自己改變，想徹底解決問題就盡趁早離開，才是最佳選擇。

又如在交往期發現對方品行不好，會說謊，做事不務實，個性偏激，好逸惡勞，以自我為中心，不體貼人……，這些人格的特質和習氣是人根本的問題，是多年的累積，若期待結婚後能夠影響他而改過，除非對方受到很大的衝擊，不然是很困難的；諸如此類的生活細節，婚前就要了解清楚，不要等到結婚後，不能忍受再來離婚，男女要結婚應該是深入了解雙方特質後，「因了解而結婚」才是結婚的王道。

速食婚姻很廉價，100元有找！婚姻的神聖是王道

由於台灣社會越來越西化，越來越多人講求個人主義，影響所及，結婚也採登記制，只要二個人到戶政機關登記一下就好，登記費如同輕忽婚姻的人一樣廉價，100元有找！

婚姻其實很神聖，婚姻擔負著宇宙人類延續的重任，以慎重而尊敬的心，作為對待婚姻的基本態度，對幸福很有大的幫助。

以前人結婚時，必定由父母親人，召集全族人員觀禮，舉辦神聖的各種儀式，嫁女兒時臨出門時，也必定要女兒站在祖宗牌位前，再三祈求「必勿使返」，嫁出去就好好在夫家生活，不要被人休掉遺送回娘家來。那種告祭祖先的誓詞，可以看出父母對女兒婚姻幸福的期許，除了要祖先保祐之外，也要女兒要好好地經營婚姻。

關於婚後會不會被休掉？雖然已經被時代淘汱，但結婚的儀式及告誡，至少對婚姻的神聖性來說，當事人以嚴肅和誠敬心的，新人在走進婚姻時，心裡和意念裡，就已經埋下要好好進入下一階段人生種子，無疑像在告誡自己，伴隨婚姻而來的日子要開始好好經營。

以西方的婚姻觀來說，結婚仍是件神聖的事，這從他們結婚的誓詞中可以看到，誓詞闡述出人們對婚姻至高無上的想法，新人在上帝以及到現場見證的眾人面前起誓：「從今天直到永遠，無論是順境或是逆境、富裕或貧窮、健康或疾病、快樂或憂愁，我將永遠愛著您、珍惜您，對您忠實，直到永永遠遠。」這些對婚姻的誓言，絕不是一時的浪漫而已，誓言也不止是說給對方聽，不止說給來賓聽，更重要的是說給「自己聽」，這是結婚當事人給自己的承諾，承諾自結婚日起，自己必須對所選擇的人負責，從此創造這個家的幸福，是無可推諉的責任。嚴肅而神聖地給對方和自己承諾，這是婚姻要幸福的必要態度，唯有清楚了自己在婚姻裡的位置，遇到婚姻裡的任何問題，有這個指導原則，婚姻就開始要幸福了。

夫妻結婚後，在日常生活中，不管遇到大小事，你以什麼樣的態度對待另一伴，也決定了兩人相處融洽的關鍵。

夫妻會爭執，常常不是因為事大事小，也不是因為有理無理，最主要的是「我生氣」，是「你不尊重我」，「你不在乎我」，更嚴重的是：「你不愛我」……因為「我很重要」。

婚姻裡，若你時時刻刻以「我」最重要，凡事要爭贏，有理無理都要對方讓著自己，寵著自己，有事沒事就公主病、王子病一下，我的感受，我的看法，我的想法，我要的，我心裡，我眼裡：只有「唯我獨大」，而不認真想想在事情的道理上，自己是不是站得住腳？對方有沒有能力達成你的要求？對方的感受又是什麼？只一味的要求對方順從自己，處處只想到自己，以這麼不成熟和自私的心，來處理婚姻問題，即使結婚時婚禮再奢華，也無法保障能有幸福的婚姻。

在婚姻裡，另一半既然是自己所愛，自己選來共渡人生的對象，對於這樣一個長期的伴侶，我們若能夠以尊敬對方的心，真心實意的對待對方，那麼二人相對應的關係也會改變。因為打從心底「尊敬」一個人，就已把那個人列入心裡的上位，自己的心也就謙卑了，如果我們能以謙卑的心對待對方，對方感受到你謙卑善意，回應給您的也是謙卑善意，在相互退讓中，彼此心量的空間也加大了，有寬闊的心量空間，也就能容得下對方，尤其是對方一時不察所犯下的錯誤。

家庭不是戰場和商場，幸福是一門必修課！

古代女人像油麻菜仔，隨風吹散就落地生根，在父母之命媒妁之言下，即使嫁到品質不良的人家，再苦也不會輕言離婚，除了認命，忍耐外，若娘家沒有可資依靠的背景，或自己能力不夠強悍，除悲慘地等到熬成婆之外，也很有可能被夫家休掉。但現代人的女性主義抬頭，婦女對於自己的權益經過時代前浪的推展，現在已進入男女平權的年代了，女人對於自己的自主權，以及對於命運的主宰，早已強悍的掌握在自己手裡了，男人，在婚姻裡已經喪失了傳統的優勢，只能以平等的方式對待，不然，在婚姻裡吵吵架，打打架，一言不合，甚至就輕言離婚了。

對於女性自主權高漲的年代，婚姻就更廉價了，離婚已經成了社會普遍的情形，但夫妻結婚，一定要為小事就走上離婚的道路嗎？在婚姻裡沒有幸福的道路可走嗎？

想得到幸福，婚姻是要經營的，這跟學習一門專業是一樣的。如果你的英文不夠好，回想一下，你是如何學好英文的；有多少個夜晚，白天，睡覺或吃飯，在公車上，甚至在廁所裡，你都心裡念茲在茲的背英文單字苦讀文法，直到若干年辛苦後，英文的聽說讀寫才有一點基礎；如果你是電腦工程師，在數字與數字，零和壹之間，又花了多少時間日日夜夜在研究、在寫程式；如果你想成為律師，成為醫生，成為某個領域的專家，回想一下你如何從國語，數學，英文，自然……國小，國中，高中，大學，研究所到博士，再到實務操作……，由此可知，要學好一種專業，往往要耗費幾十年的辛勞才能達成，而婚姻呢？婚姻是將來自完全不同長成環境的二個人，忽然要他們天天、日夜生活在一個狹小的屋子裡，想要和諧相處得到幸福，它的難度，應該不低於成為一個專家。

例如，關於對方的爸爸和媽媽，關於他們家原來習慣和文化，關於他的興趣、嗜好、德行、個性、價值觀和人生觀等，同一件事，都會因為雙方家庭文化的價值觀不同，而培養出不同的價值和看法。就算雙方都沒有不良品德好了，因為習性不同，刷牙的方式不同，吃東西的口味不同……，都會造成相處的問題。所以二人結婚想得到幸福，這一門幸福學，更是男女雙方的必修課程。

家庭不是戰場，戰場上的雙方，為了各自的利益，必須用刀用槍，即使是一分城池也絕不能失分；家庭也不是商場，商場裡為了自我的利益，一定要斤斤計較，一分一毫都要算清楚；婚姻裡你想打敗對方，甚至殲滅對方才罷休嗎？家庭裡是否要為了各自的利益，你爭我奪一番？戰場和商場，敵我的立場十分清楚，一點都不容混淆，爭取的無非是利益，是以物質為主的勝負。但家庭其實是以愛為基礎，融合了物質與精神的需求，創造雙方共有的幸福為主體才是；夫妻交相爭戰，戰勝和爭贏，在家庭裡都輸掉了幸福。

幸福是人人終其一生追求的目標，而結婚想得到幸福，既然男女雙方都各自有各自的問題，有沒有一門幸福的課程，可以教會我們如何得到幸福呢？

婚姻學，幸福學，致力於雙方問題的研究者已經眾多，但婚姻中很多問題，不是出在對方，而是來自自己，我們應該花更多的時間，來認識自己，了解自己，了解自己的欲望找出自己的問題，反省和修正自己的問題，及修養自己的品德，以便有能力更包容對方、善待對方，讓對方的感受舒適一些，進而形成良好的循環及互動，讓彼此在婚姻中成長，達到幸福快樂的婚姻道路。

夫妻只有相處融洽，在婚姻裡不斷成長，那樣的男女組成的家庭，才有幸福的小孩和幸福的人生。為了要幸福，努力學習吧。

3 婆媳，朋友之間的相處關係

孩子終究長大了，上天本來就賦予每個生命個體具備一定的能力，父母唯有尊重孩子獨立發揮自己想發揮的生命內涵，……

在婚姻生活裡，除了夫妻之間的問題之外，婆媳相處是另一個大問題。婆媳有沒有可能像母女般相處融洽，這其實一個男人如何讓兩個女人在共同生活裡取得和諧的問題，想了解這個問題，需要了解時代的特性。

我的母親是一個溫柔的女人，從小到大沒有看她發過什麼脾氣，即使和父親結婚多年，也沒有見過他們有什麼嚴重的爭吵，雖然有時候，我們也能感覺到他們之間，可能有些不開心，但在孩子面前，父母始終保持溫和相處。一直到我上高中，才知道他們不是不會爭吵，而是不在眾人面前吵架。

後來我們兄姐們，也陸續結婚成家了，母親和媳婦之間也不曾有過什麼不愉快，記憶中，印象最深的一次是，某個除夕大年夜，兄弟姐妹媳婦女婿都回家過年，大哥和大嫂不知道為了什麼事起了爭執，夫妻倆一時失控在客廳裡就吵了起來，媽媽在廚房聽到他們的爭吵聲，放下手邊洗著的碗筷，趕來客廳叫了叫大哥的名字，大哥聽到母親的叫喚，於是回頭應著母親，暫停了與大嫂的爭執。只聽媽媽低聲的對大哥說：「XX啊，有什麼事，帶你老婆到房間裡好好談！不要在大家面前說，去！快帶她去好好地說！」於是大哥帶著大嫂到房間裡去自行處理了。隔天，再見到他們時已風平浪靜了。

母親對於夫妻爭吵，堅持夫妻的事，由夫妻自己解決就好，外人不必介入。她不但不介入子女夫妻的吵架，對於子女各自的事，打從我們獨立生活開始，也不主動插手我們想做的事和生活方式，她常說：「養你們到學校畢業是我的責任，學校畢業以後的人生，你必須自己負責。」，對於我們要繼續升學或就業，她都尊重，因為她說人生是我們自己的，我們要自己負責，她只在必要的時候關心和支援我們，不干涉我們怎麼規劃未來，也不干涉我們怎麼過生活，對於大哥娶回來的媳婦，也以朋友的方式對待她，除了祝福之外，除非孩子有什麼事，主動要求她幫助，否則她除了規範我們不要做違法敗德的事之外，其它都任由孩子們做想做的事，她這種把兒子媳婦當作朋友般對待，尊重，不插手，不干涉，不掌控的態度，即使有滿滿的愛，也要等孩子有需要時，來找她幫忙，她才提供幫忙。這樣的對待方式，在一片婆媳不和的社會氛圍中，母親雖然沒有讀多少書，但她的處理方式在當時可以說十分先進，且有極高度的智慧。即使是今天，能做到對孩子滿滿的愛，而不過度溺愛，不干涉，不插手，不掌控的母親或婆婆，仍數少見。

距離使人變美，讓關係變和諧。婆媳問題，如果每個都像母親一般，有保持一定距離的理性，看透父母和子女夫妻相處的需求和本質，把已結婚的子女當成一個獨立的家庭，由他們自己面對與處理自己的問題，那樣家庭裡的婆媳問題，應該減少很多。

孩子終究長大了，生命是一個獨立的個體，上天本來就賦予每個生命個體具備一定的能力，那些能力都要用經驗，歷練來涵養他的感受，父母唯有尊重孩子獨立發揮自己想發揮的生命內涵，才能讓孩子擁有真正豐富的人生。

身為人父母，不能替子女在婚姻和人生的運動場上奔跑，只能本著愛，在場外為他們引導，為他們加油，為他們鼓舞，除非他們跌倒了，他們需要了，等到適時的時候再出手，尊重孩子獨立經營自己家庭，保持彼此生活的空間，距離，能讓親情關係更美好。

4 假如我有一個媽媽——人人需要篤信不變的愛

小女生想是得到的禮物竟然是：「我想要有一個媽媽」，這是一個什麼樣的答案啊？媽媽不是人人天生都有的嗎？……

不久前有一則新聞，報導南台灣某地方有個小學參加一項國際競賽，這個參賽的學生得到了冠軍，當他們歡欣鼓舞為得獎而慶賀的時候，新聞記者採訪他們其中之一，問國小五年級的小女生，得獎後最想得到的禮物是什麼？小女生毫不猶豫的回答：「假如能給我禮物，我想要一個媽媽！」

小女生想是得到的禮物是，「我想要有一個媽媽」，這是一個什麼樣的答案啊？媽媽不是人人天生都有的嗎？為什麼這個小女生的願望這麼卑微，要的竟然是一個人人都有的媽媽呢？

台灣這個多元文化價值的年代，你想做什麼，你做了什麼事，都不會有人覺得太奇怪，因為，每個人有每個人的想法，每個人有權決定自己要怎麼活？每個人都講求自己活著的價值……，只是在那麼多自我之後，卻可能從來不去想，在自己追求所謂的自我價值的同時，是否傷害了別人？離婚率高居全世界第一，為了追求自己的生活權益，離婚是件小事，但伴隨著離婚，犧牲受害最大的往往是小孩。

筆者有天在看大愛電視台，那段節目內容是大愛的志工在菲律賓一個貧窮的偏鄉裡，志工們和一群衣衫不整、光著腳丫四處奔跑的小孩在玩耍，那群奔跑中的孩子，伴隨著他們的笑聲四處撞來撞去……，志工說了很多，節目最後以捐款援助偏鄉結束，希望可以為這群孩子募款，以便幫助他們可以穿上好衣服，穿上鞋子，有學校可以讀書，能改善他們的生活……

筆者看著孩子天真無邪快樂的容顏，再比對志工成熟而憂鬱的臉，一時分不清楚，到底誰活的比較快樂？什麼才是人生更重要的？撞來撞去四處奔跑的童顏，不因為缺吃少食而少一點快樂，而志工為了要達成募款目標，臉上所呈現的是一種辛苦和憂慮，比起那些快樂的孩子還要苦一些，於是我想，為什麼那些身處在物質貧窮中的孩子，可以那麼快樂呢？既然不是物質問題，那應是他們的精神沒有缺口，在精神上他們很安樂。

雖然物質能給人生活舒適，但卻永遠彌補不了精神的缺憾，那群孩子能夠快樂的生活著，可以推斷他們至少有一份篤信不移的愛，至少他們有父母給他們絕對信任的愛，讓他們精神很飽足，沒有憂慮和缺憾。

記得小時候，那是民國五，六十年代，台灣剛經過戰亂，百廢待舉，台灣經濟還沒起飛，全台普遍的家庭，都靠務農、漁、牧為生，當時的收入少，大部份的家庭是吃地瓜，沒有白米飯可以吃的，偶爾有些配給品，其它除了年節之外，除非是當官的或是富豪，一般人都是窮人，是吃不到一點肉味的。但在那個普遍窮困的年代裡，每個家庭辛苦揮汗才能勉強吃飽穿暖，在那樣的環境下，父母辛勤的工作，孩子放學了也要幫忙農作，一天到晚操勞，但那時離婚率非常少，家庭再苦，孩子也能在有父有母保護下長大，絕大部分的家庭再怎麼樣生活艱辛，或夫妻不睦，仍都能給孩子一份穩定而篤信不移的愛。

一個孩子如果能擁有一份篤信不移的愛，相信他的人生無論走到那裡，經歷什麼困難，因為有那份絕對支持他的愛，什麼困難都無法打敗他，因為無論遇到什麼境地，當他回頭，總有人默默的支持著他，那一份支持的力量，再怎麼失敗，都能令人鼓起勇氣再戰鬥，這種愛可以讓他一生都很豐足，不會有缺憾。

反觀，一個孩子小時候沒有一份篤信而堅定的愛，長大之後往往在心靈和人格上會有些缺憾。

離婚，在父母因為一時婚姻不如意離婚的同時，是否有想到孩子的感受是什麼？會不會對孩子造成傷害？有沒有補救的措施？是否仍能給孩子一份穩定而篤信不移的愛？

每個人都渴望被愛，在孩子說出那句：「假如我有一個媽媽」的同時，這位媽媽你在那裡？有沒有感受到，你的孩子心在滴血？

問題孩子主要是來自問題父母，問題孩子將成為社會亂源，一個人做事不加思考，會傷害周邊親人；一個團體做錯事，會傷害相關的一群人；若是整個社會價值觀錯亂了，那受害的將是整個社會，要解決社會問題，其實家庭問題是關鍵。

5 「殺人」這種概念，可以當遊戲嗎？

把殺人當成遊戲」，這樣的概念每天注入心智未成年的青少年心智中，把殺人當成理所當然，一個青少年每天宅在房間裡玩「殺人遊戲」……

如果您不懂什麼是殺人遊戲，只要問一問google、yahoo等網路大神就會知道。

而殺人遊戲到底有多少載具，包括漫畫、書籍、網站、手遊和各種電競、線上online、任天堂的電鋸殺人狂及各種影片……等，這些殺人遊戲，時時刻刻讓無數人在玩。如果玩家是心智成熟的人，也許沒有什麼問題，但如果是青少年呢，在殺人遊戲的種種規則來說，不管那一個角色，最終目的就是運用各種方法，把人殺死，因為唯有把對方殺了，自己才能得勝。為了爭勝求贏，殺人便成了必然的事。這意味著什麼？就是「把殺人當成遊戲」。

「殺人是遊戲」這樣的概念每天注入心智未成年的青少年心智中，把殺人當成理所當然，而遊戲的訓練方式，更以如何殺人成功當成追求的目標，一個青少年每天宅在房間裡玩「殺人遊戲」，一天玩，二天玩，天天玩，現在台灣街頭出現「鄭捷殺人」「XX殺人」……，便不足為奇了，對因無知以殺人當遊戲的玩家思維來說，那只是遊戲。鄭捷，其實是殺人遊戲的受害者而已。

殺人遊戲又稱殺手遊戲，殺手、黑手黨、天黑請閉眼等代名詞，是一種多人遊戲，一般由8到20人組成。由俄國心理學家迪米特里・達維多夫在1986年發明，殺手遊戲擁有多種角色，規則也有多種模式。

殺手遊戲，開始玩家在莫斯科大學的教室、寢室等處玩此遊戲。在1990年代初期，該遊戲在俄羅斯其他學校流行起來，並跨過國界，傳播到了歐洲各國（匈牙利、波蘭、英國、挪威等），隨後傳到了美國，如今該遊戲已經遍及世界各地。它被認為是1800年以來五十種最具歷史和文化意義的遊戲之一。1997年AndrewPlotkin改進了該遊戲的規則。台灣在1990年代後期已相當流行，現在則是包括網站遊戲，書籍漫畫，微電影片，牌卡，大大小小的變種殺人遊戲多到不可勝數。

殺人遊戲的訓練技巧有那些？綜括的說：冷靜，冷血，無情為達殺人目標不計一切。

1、冷靜

殺人遊戲雖然以語言及文字為主，但更多是一種心理戰，必須洞悉別人在各種不同角色及狀況下，露出的破綻，並且要防止自己露出馬腳，才能找到殺人成功的方法，所以想成為一個殺手，首先必須非常冷靜，只有在冷靜的時候發言，才具有殺傷力。（鄭捷給人的感覺也非常冷靜。）

2、語氣

以牌卡的殺人遊戲來說，每個玩家在發言時，為了能夠讓人信服，即使是騙人，也要聲音堅定語氣明確，為了達成殺人的終極標目的，騙人也成是必須的技巧，無論說的是真話假話都要讓人相信你。（以堅定的語氣騙人來達到目，這樣的價值觀好嗎？）

3、矛盾

事實的真相並不重要，你發言的真假也不重要，重要的是達成目的，為了達成目的，製造撥弄事非，造成人與人之間的矛盾，是一種求生的必然方法。（以這種

方法去養成孩子的人格好嗎）

4、聆聽

聽別人說話裡有那些破綻，以獲取情報，分析別人的信息，也是一種訓練方法。

5、判斷能力

判斷力的訓練，是一能找出誰是真正殺手，誰是警察的方法。

6、說謊

在遊戲中說謊是種心理戰，所以遊戲越能贏，說謊功力也要特別強。

7、堅定的信念

有堅定的信念，發言才有說服力，偽裝才能不被發現，在這戰鬥中才能贏。才能成為真正的戰士。（這點應被IS及黑幫利用的很澈底）

8、犧牲精神

一個警察，一個匪徒，一個平民，一個殺手，隨時都要準備為同伴、為理念犧牲。（是非不分，不理性犧牲好嗎？）

9、冷血，凶狠

為完成殺人目的，冷血，無情，凶狠更是殺手特質，並且把這種特質描繪成一種英雄性格，讓分不清問題嚴重性的小孩，以為英雄就是這種氣概。

青少年為了玩遊戲，每天沈浸在以上的訓練裡，那樣的訓練內容，對玩家來說只是遊戲，對懵懂無知的青少年來說，每天每天的訓練，無形中種種不好的價值觀，就潛移默化成了他腦海中的思考模式，並且以為理所當然，在心智不成熟的青少年心中種下了一個陰暗的種子。黑幫和ＩＳ等組織往往利用這種遊戲的特質，吸收青少年加入其黨派，在鄭捷身上幾乎看到完全相同特質。

殺人遊戲對青少年的影響有多大？以任天堂的電鋸殺人狂2來說，當恐怖的殭屍殺人狂要再次橫掃醫院時，凡是站在他的面前的人和物品，都成為他的攻擊目標……，這種殺人的模式，彷彿看見鄭捷在捷運殺人？

而學院裡的殺人遊戲，除了有漫畫書外，各種載體也很多，最近幾年興起的網站直播，驚竦殺人遊戲和微電影的百萬殺人遊戲3.30，更讓人分不清是遊戲還是真實了。

另，「殺人遊戲擬真版」，難道不是以殺人為滿足嗎？市面上充斥著這麼多以「殺人」之名設計的遊戲，雖然最原始遊戲設計的目的，有心智訓練成份在份內，但「殺人」訓練的過程和浸染，對沈迷於遊戲，又無人開導的青少年，帶來的是無可復加的傷害。

試想年紀輕輕的鄭捷，人生為什麼走到這個地步？身上背負著多條人命，傷害了幾個家庭，毀了別人的幸福。對鄭捷本身來說，他人生也同樣毀壞了，從他第一次關緊房門、沈浸在殺人遊戲的世界裡時，他的人生就已經開始崩壞了。

當他一個人在房間裡玩殺人遊戲時，他的父母在那裡？他的父母知不知道，他一個人在房間裡玩了什麼遊戲，那個遊戲對他有沒有傷害？有沒有關心他、替他把關？他的心智年齡有能力判斷對與錯？當他第一次在學校威脅同學，或他第一次說他想殺人的時候，父母老師朋友，有沒有人來關心、了解和勸導他；當他第一次犯錯造成同學的傷害時，父母知不知道問題出在那裡？

在遊戲的浸淫下，他真的成了殺人魔了，但他的本性真的原來就是惡魔嗎？從媒體報導，有次開庭時，他的國文老師說鄭捷在學校是個好孩子，看不出他人格有什麼惡質，鄭捷在法庭上立刻向老師道歉，說自己讓老師失望，很對不起老師。據媒體報導，這是鄭捷自殺人以來，第一次向人道歉，由這個報導可以看出鄭捷的本質並沒有那麼壞，壞的好像是沒有什麼人真正關愛過他。

一個人能活得快樂，對人生有企圖，對未來感到光明，主要原因是因為有人愛他，有人疼他，他深刻的知道他在某人的心中是重要的，人，唯有人愛，才更能感受生命的價值，才有源源不絕生存的慾望。身為一個人，鄭捷有感受到誰篤信不移的愛著他嗎？即使是父母家人，在他殺人被捕後，父母不是立刻衝過去抱著他痛哭，檢討自己沒教好他，而是痛罵他的所做所為給父母帶來多少災難，凡事有果必有因，要責怪得到什麼結果前，要先看看在過程裡，自己是否一直做錯事。

鄭捷之後，又有許多位沒有理由，沒有理性，隨機殺人的事件，這樣的事件接踵發生，以後還會不會發生，誰也不敢說，這樣的人對社會可能帶來的傷害，和人身的安全的威脅，令人恐懼！而更大的傷害，怕四處漫延。

IS伊斯蘭國的恐怖行為，無可諱言的已令全球陷入恐慌，而他們吸收新成員的方式之一，就是利用網路媒體包括Twitter，Facebook，Youtube，WhatsApp等傳播致命的想法，他們主要招募的對象是年輕人，而他們操弄青少年的方式主要就是曬暴力，特別是用血腥畫面來刺激年輕人，成員結合殺人遊戲在網路上找尋目標，再對他們利用圖片，文字，影音，甚至App，每在一個城市犯案，並製成數據圖傳播，進行洗腦，他們更設計模擬遊戲，例如去年9月發表「槍擊遊戲」，讓玩家攻擊美國警車，槍擊學校和建築，暗示「聖戰」是「好玩」的。

利用暗示殺人遊戲概念，據網路上消息，至少已有500名英籍青年加入激進組織，而美國戰略安全情報咨詢機構蘇凡集團報告也顯示，近一年來至少有英國、法國、美國、加拿大和紐西蘭等國，共約3000名人員到中東參加極端組織。雖然這些加入的人，有許多是社會的激進份子，但透過網路媒體，以「模擬遊戲，暗示殺是好玩」這種概念，蠱惑青少年加入，才是他們的大宗。這也是「殺人遊戲」禍害的延伸。

殺人遊戲最初的目的，可能是一種智力遊戲，或小團隊的心智訓練，但是以「殺人」為設定的遊戲方式，把殺人的概念當成為了求勝的唯一目的，過程中的如說謊等不擇手段的方式並不好，且經由出版商大量發行及行銷後，這種遊戲大舉入侵青少年生活領域，殘害著青少年，出版商為了賺錢發行以殺人為名的遊戲，其傷害是非常嚴重的。

6 網路霸凌參一咖，你是酸民嗎？

鄉民，酸民，網路發言都要法律與道德責任……

前些時候媒體報導有位女藝人楊又穎，因為被網路霸凌，結束了短短24歲年輕的生命，事情的原由並不大，但受到網路酸民的語言霸凌，卻付出了生命的代價，傷害十分嚴重。

另一個網路霸凌的例子，是2005年間因為罹患罕見疾病引發媒體關注的台版羅倫佐，高雄張家三兄弟在三天內就湧進了七千四百多萬的善款，隨後，夫妻倆就帶著三個孩子到美國治病，隔年回國後就消聲匿跡，不少人因此對善款流向有了問號，當時網路上有許多人開始攻擊張爸爸，還有不少人提出為何醫治三個孩子需要這麼貴的費用，低調的張爸爸當時被網友抨擊得很慘，但事隔多年後，證明張家早已經把剩餘的7300多萬元，捐給罕見疾病基金會及台大醫院。但類似的網路霸凌事件和不實的報導仍層出不窮。

這二個事件並不是網路霸凌只是冰山一角，更多的事件無及提出，或受霸凌者還在生死掙扎中。網路霸凌是網路透過即時通、line、FB、微信、微博、部落格、社群網站等網路介面、包括雅虎奇摩或其它各大新聞平台上的每一則新聞下，都提供了讀者評論該則新聞的欄位，任何人都可以對該則新聞留言，都可以評論該則新聞人物的是非對錯，都可以發表實或不實的評價，而這些留言的網友，觀點和素質參次不齊，有些網路酸民，不查證事情原委，也不在乎事情真相是什麼，就以情緒性的字眼，留言批判，或用暱稱或假扮受害者身份，發佈不實言論，批評判當事人。

而在學青少年學生更嚴重，甚至有在網路上舉辦惡意票選、選出班上最醜的人，或最討厭的人等貶低或詆毀人的活動。這些霸凌人的方法，不單只是言詞污衊而已，有些利用貼圖或玩笑話諷刺，也會造成被霸凌者的傷害；而「人肉搜索」，把受害人的個人資料，包括姓名、年齡、工作等，都公佈在網路上，讓人公開批判，汙衊人或攻擊的言論，造成被害人心情低落、心靈創傷、扭曲、功課低落、人際關係的疏離等等傷害。

在網路世界中，大家隱身在鍵盤或手機後，往往因為發言不需要負責，便在網路上打起「筆戰」，批評、謾罵、中傷甚至發黑函等，很多不實的消息在網上分享流傳，甚至新聞報導出來後，最後才發現真相並非如此，請想一想，當事者所受到排山倒海的壓力，換作是你要怎麼承受？

而且在網路世界裡，這些傷害的紀錄可能永遠都在網路上。例如在臉書上發表的看法，透過朋友的按讚與分享，這個言辭就不斷的分享出去了，透過不斷的分享，消息也就不斷擴散出去，或許當事人能找到證據，證明自己無罪而向臉書申訴，臉書也將相關訊息刪除了，但對於不斷分享出去的訊息，往往很難刪除乾淨，那樣錯誤的言論就一直傷害著當事人。

網路帶來新世界，在真實人生中，一個人即使犯了錯，只有相關的人知道，改過後人生就可以重頭再來，但在網路裡，不良的記錄有時是很難消除的，網路的通則就是「好事不出門，壞事傳萬里」一個人做事，更該謹言慎行。

所以公眾人物做錯事，很容易被網民輪翻霸凌了。

例如頂新油品問題，因為不斷有鄉民、酸民和一群無聊人不斷地按讚，分享，所以不管法律判決的結果是什麼，在網路上人民的公審，讓相關消息重複流傳，只要在網上搜尋相關消息，所有的記錄都還在網路上。

在這個年代來說，網路霸凌如變形蟲，不斷衍生各種問題，網站瀏覽人數愈多，毀謗的殺傷力越大，為了避免網路酸民的不當言論自由，造成當事人的無辜受害，除了要求社群網站簽定自律公約，主動刪除毀謗與污辱性的言論之外，為因應時代需求，網路霸凌應該獨立立法，讓網民對自己的發言及行為後果負責，是刻不容緩的事情。

對於每一則消息，或每個網路上的議題，身為一個網民，在自己發言前，是否先思考一下，自己的言論是否有查證過？是否是真相？有沒有涉嫌霸凌別人？如果因為自己一時的情緒去謾罵或傷害一個人，萬一當事人想不開傷害自己，即使自己沒有法律責任，也有道德責任。是否要一輩子為了自己一時當酸民犯下這樣的錯？

而當我們面對網路鄉民或酸民，以不同意見批判自己，首先我們該鍛鍊強大心靈面對壓力，並理解那是不是事情的真相？而對方的批判是不是污濺、毀謗？什麼是毀謗，就是對方以不實的言論批判自己。

假如自己真的做錯了，而遭人非議，那就不是毀謗，而該閉門思過，自我檢討；但如果對方指控的不是事實，除了各種釐清的方式外，在心理上能心安理得，就不必為了別人錯誤的言詞，而懲罰自己、讓自己不開心才是。

除了心理建設之外，遇到網路霸凌時，首先將這些資訊拍照存證，並且投訴給該網站管理者，要求刪除相關訊息，接著報警或報告學校老師，對於不實的言論，不要忍氣吞聲，用法律手段，給毀謗者得到應付的法律責任。

第六部　逆風，開創大未來

幸福的社會從人人有好價值觀開始，好觀點來自教育，教育須校內校外終身學習。為迎接美好未來，觀念、教育、終身學習是基本學程。

1 秘魯「恥辱之牆」和台灣22K勞資大未來

財富過度集中在少數人的手裡，貧窮一族的挫敗與傷害，仇富結果：對持有財富的少數人，是件好事嗎？

根據各大媒體報導，秘魯有一道分隔窮人和富人的「貧富之牆」，近日被人熱烈討論著，這道牆據說有3公尺高，位於秘魯首都利馬郊區，綿延有10公里長，牆的上頭頂部，裝配著鐵絲網，它分隔開聖胡安德米拉弗洛雷斯和蘇爾科街區，如果說東西德柏林圍牆阻隔的是民主與共產政權，這道圍牆阻隔的就是窮人和富人；目的不是政治原因，而是貧與富的分野，是為了防止窮人偷竊富人的東西。

其實這道牆，從1980年就開始建築，且由政府當局主持辦理，建造的目的是基於安全理由，想保護富人的財產和人身安全。這種把窮人預設為犯罪者的意圖，對窮苦的人來說，無異是第二次的傷害，除了貧窮之外，還要遭受富人的輕視侮蔑，這對知識及經濟力逐漸覺醒的人民來說，是一項嚴重的侮辱，於是這道牆又被稱為恥辱之牆（wallofshame）。

秘魯總人口只有3100萬人，超級窮人達770萬人以上，窮富差距十分嚴重，其中百分之一的人，掌握了百分之四十一的資源，據Oxfam說，拉丁美洲與加勒比地區存在著最大的分富差距，一家當地媒體說「被蠟燭照亮的木製房屋和破碎的屋頂與幾公里內數百萬英鎊的別墅，形成鮮明對比。」，這種強烈對比，抗議者於是在這道牆面，用憤恨寫著：「國家是你的，也是我的，國家是大家的。」對立已形成，衝突隨時會發生。

資本主義發展到一個階段，資源被少數人把持，貧富差距越來越大，台灣薪資倒退到十六年前，基本工資只有2萬出頭，一個大學畢業生起薪只有22K，如果是離鄉背井的人扣除房租吃飯交通之外，在高物價年代，22K的薪資怎麼養活自己？如果一個年青人努力工作都養不活自己，那又有什麼未來？雖然台灣沒有實質上那道「恥辱之牆」，但心裡的那道牆，在帝寶、在毫宅、在炫富等財富表徵下早已築成了。

造成低薪的基本原因，最主要就是大部分的資源被少數人把持了，廣大的受薪族沒有議價的能力。以一位寫軟體的工程師來講，平均薪資大約只有3萬元，這比韓國，日本，中國大陸，甚至菲律賓都低，這對IT產業十分發達的台灣來說，是不可思議的謬誤。

若要探究原因，其實只要看看四大便利商店就可以看出端倪，以便利商店上架的產品來說，一種產品，在過去就代表了一家工廠，一個企業，但現在陳列在架上的數百種產品，可能擁有者是三、五家廠商而已，大部分是便利商店背後財團所擁有的。所以，「家庭即工廠」的年代消失了。

財富過度集中在少數人的手裡，先不說對多數貧窮一族的挫敗與傷害了，就說這樣對持有財富的少數人好嗎？

貧富越對立，人心越不能平衡，伴隨而來的個人問題，也廣泛成為社會問題，所以仇富變成了勞苦一族的共識，更是網路酸民的共鳴，翻看幾千年來的歷史，從來革命都是由原本極少數的人，因為生活匱乏，沒有生存的機會，飽受欺壓，沒有尊嚴，才聯合其它貧苦的人，向擁有最強最多資源的威權挑戰，漢代的陳勝、吳廣，直到到黃花崗七十二烈士，都是受苦廣大人民，為自己打抱不平開始的。

資本家把持了過多的資源，若沒有社會福利或其它解套的配套方法，所引起的仇富之火，終究可以吞噬自己。政府，資方和勞方，應以博愛、福利與服務為基礎，分享利益，設計出勞資共贏的方式。

2 理所當然與未必盡然——高房價的大未來

《漢摩拉比法典》是西元前1772年古巴比倫國王公布，世界上公認的第一部有系統的法典，第六代國王漢摩拉比頒布的一部法律。

1901年在伊朗考古出土的圓柱頂端，有漢摩拉比從太陽神手中接過權杖及法典全文，分為序，正文和結論三部分，其中序言：「讓正義之光照耀整個大地，消滅一切罪人和惡人，使強者不能壓迫弱者。」但法典卻將人民分為三個等級：有公民權的自由民，無公民權的自由民和奴隸。

由此可知，以太陽神之姿出現，要申張正義的法典，人民還是分成了三個階級，在當時他們認為這是合理的事。若以今天人人生而平等的概念來說，太陽，陽光照耀大地應該一視同仁吧，怎麼會分三個階級還覺得合理呢？可見當時的合理，不必然是後來人的合理，「合理」只是相對於當時人的共識而已。

若以中國的封建制度來說，父權制，裹小腳，三從四德，休妻等種種男女不平等的事，當時認為是一種社會秩序，一種普世價值的德行，是理所當然的事。但是隨著時代的進步，經過先人的挑戰威權，一次一次的革命，漸漸的已完全改觀了。

現在21世紀的婦女，尤其是台灣離婚率高居全世界第一，對於離婚這件事，早已能接受，對於離婚的女人，也不再受人歧視了，更不會視離婚為女人的最大恥辱了。可見觀念改變之後，事情的合理性也改變了。

由此來看台灣的房地產的超高價位，以22K小資族來說，一個人要不吃不喝45年才能在台北市買到一30坪房子，這樣的房地產價格，是否有它的當然合理性？從新加坡的公有住宅概念、韓國的公宅概念來說，台灣的高房價今天的合理性，在財團及少數擁有者來看是合理的，但這種合理，是不是能一直維持合理？或許施政者觀念改變之後，政策改變了，有一天住房成本大部分由政府供給，那時，今天的合理，他日就變成後人談笑的話題。

台灣房價之所以超高，主要是商人的炒作造成的；那商人為什麼不炒作糧食？因為糧食是民生必須品，民生必須品若被壟斷，由少數幾個人把持，那就造成廣大人民食的問題了，一旦人民沒有糧食可吃，必定造成暴亂；而且商人若以糧食炒作來賺錢，必定被人議論為沒有道德良心的惡商。

其實房子和糧食一樣，吃住都是人民基本需求，是人安定與快樂幸福主要根本，商人實在不應該以房子當成炒作財富的工具，如果他們要炒作，不應該炒作傷害廣大人民的必須品，應該炒的是類似寶石，古董，紅酒，藝術品等等無關民生必須的用品，一樣讓游資可以操作，這比炒房影響別人的幸福好。

政府能將房地產政策設法立典，以極低的價格或配套的方式，提供大量的住房給人民使用，讓所有的人能享有居住正義，那麼五十年，一百年後的人，看到台灣今日為高房價、無殼而煩惱的人們，可能覺得是笑話。

當時人人認為理所當然的事，數十年或百年後觀念轉變了，政策不同了，合理性也不同了。由此可知，人民的幸福，只在當局者如何想方設法，求得人民最大的饒益，就從觀念上先做改變開始。

對於個人來說，現在的困境是合理的嗎？是否要一直受困下去，如果你認為自己無能是合理，一直認定自己做不到，沒能力，沒辦法而安於現狀，那別人也幫不了你，想要有豐足的生活內涵，先從改便觀念開始，先告訴自己，我一定要改變，然後去想怎麼改變吧。

3 天文學、網路產業與創造力——台灣大未來

北歐五國，丹麥、挪威、芬蘭和瑞典，他們的總人口數恰好和台灣差不多，⋯北歐五國能夠以「小國創造大經濟」，台灣也一定能⋯。

這幾年來台灣經濟力不斷衰退，薪資倒退到十六年前，約有123萬小資族月薪不到3萬元，這樣漫天霧霾籠罩的氛圍，一種挫敗，失望，慵懶乃到絕望的心情，成為勞苦一族共同的狀況。台灣青年能不能有機會振作？有沒有突破經濟困境的方法？出路又在那裡？其實台灣的出路很多，只是有沒有用心去鑽研而已。

網路的發展，距今只有二十年，這就像以前天文學系統，從還未被發掘、到建立成一完整體系的情況是一樣的。

二世紀時，古希臘天文學家托勒密提出了地心說，認為宇宙中的天體，包括太陽，都是圍繞著地球運轉。這樣錯誤的學說，受到當時教會的熱烈支

持，於是這樣的觀點統治了西方社會一千多年。直到十六世紀波蘭天文學家哥白尼提出了新的宇宙觀——日心說，才打破這種觀點；後來直到意大利天文學家伽利略觀察到太陽黑子，月球表面及行星盈虧，加上牛頓提出了萬有引力，新的天文學觀才漸漸建立。

由上可以知道天文學在初開始的年代，到發展成熟體系，前後經歷了1000多年，這一千多年當中，有多少才能之士投入畢生心血，才有現在的學問體系。現在的網路發展、網站商業模式也是這樣，在這網路商業初開始的年代，還有多少脈胳，可以建立成好的商業模式，創造產值。

筆者有位朋友，他給我的感覺，具體的說有點像阿甘正傳的阿甘，所不同的是，他的特異功能在網站診斷及網路行銷這部份。有時見面閒聊時，他總愛把他看到各大公司網站的問題，十分沈迷且專注的，打開網頁一一講解其中的問題給我聽，而他對食品、信託業、電視全球新聞等各大企業的網站，也時常診斷出他們網站問題來，並且講解給我聽，雖然這不是我懂的領域，但聽多了也覺得他說得有道理。台灣對於這種熟悉網路的人才，是否有被企業或機構延用，用他的能力來創造產值呢？由他的事件，讓我思考起台灣未來的出路。

現在已是一個網路的世界，網路為世界帶來的影響，已超越了由農業社會進入工業革命時期了，如果你是一個企業主，尤其是中小企業主，是否在你的產業裡，已運用網路來創造你的營收了？你的產品有一個網路商店嗎？你有自己的網站嗎？你了解使用各種網路工具嗎？各種社群工具為你的產業創造產值了嗎？你的商品利用網路做分享和銷售了嗎？網路直播已經全世界都在看了，你懂什麼是「網路直播」嗎？身為一個老闆，對於新世界的新工具，有從學習，認知到運用了嗎？若你能了解電競產業，甚至只是一款電腦遊戲，一年能創造幾百億的產值，那媒體上時常報導因網路又創造了那家公司多少業績時，你運用網路工具來創造產值了？如果你的產業還沒和網路掛上鈎，就不要再怪時代環境不好了，因為自己觀念不與時俱進，不學習，不接觸新知，不夠努力，不知道商業的模式已被網路重新整理過了，原來的通路和載具已經改變了，自己的產業還在狀況外，被淘汰是應該的。

看看北歐五國，人口最少的是冰島，大約30萬人，丹麥、挪威、芬蘭和人口約900萬的瑞典，他們的總人口數恰好和台灣差不多，這五國位處世界偏遠的角落，但他們卻是公認先進的已開發國家，他們之所以先進，除了善用其天然資源和地理位處交通樞紐之外，最主要原因應該是，政府對其政經變化及市場開放，和積極研發創新。除了設立各種基金會及研發機構，不斷創新研發外，政策及市場的開放，更是台灣望塵莫及，以北歐地區的行動支付來說，其中高達五分之四的消費者，都已習慣電子付款。瑞典六大銀中，有五家已採無現金運作了，他們的央行宣佈停止印紙鈔和硬幣，這種銀行無紙幣的支付技術，在台灣應該也不是難題。

反觀以網路產業來說，開創很多新局面的如google，yahoo，馬雲，小米，京東，ＦＢ……網路大神們，都因網路改寫了世界經濟史，發展成了一方之霸主。其實他們能做的，台灣是各種ＩＴ產業的世界龍頭，若要發展相關產業，只要政府加速扶植產業及研發創新，台灣的未來，應有更多出路，北歐五國能夠以「小國創造大經濟」，台灣也一定能。

4 90歲一個人生活，無齡感年代來臨

「我是我自己的障礙」，人老了並不可怕，可怕的是沒有對觀念，沒有健康的身心，自己成了自己的障礙，人若真的想善待自己，不跟自己的心妥協，超越年齡的限制……

前些日子回屏東鄉下，跟平日一樣四處走走逛逛，那天走在鄉間的小道，看見一位滿頭白髮身體軀屢的阿婆，十分吃力的提著一個小小的水桶，水桶裡有半桶水，她搖搖擺擺的身軀，感覺好像撐不起那桶水的重量，我看那半桶水搖晃的厲害，怕她辛苦提的水都打翻了，於是一個箭步衝過去，接過她手上的水桶，並且叫了聲：「阿媽，水要掛去叨位？」

這位阿媽的表情好像有點嚇倒，又像有點被嚇醒，定定神看了我一下，才「呵」的一聲笑出來，說：「我要澆菜拉」，我便順手幫她提到十幾步外的菜圃。菜圃裡有A菜，菠菜和蒜苗等，看阿婆那麼老邁的樣子，於是好奇想知道她到底幾歲了。

一問之下，才知道，原來阿婆已經九十二歲了，九十幾歲卻一個人獨居，是不是子孫不孝啊？還是身世太可憐？後來詢問之下才知道，其實她的兒子就住在附近。年輕時是位文字工作者，也許是早年寫作已習慣獨立生活，她不認為自己有多老，對於九十幾或六十幾，或三十幾，她都覺得幾歲都沒有關係，重點是她有能力自己一個人生活，而她也想要一個人獨立生活。她種她的菜，她吃自己煮的飯，每天日升日落，活一天，做著一天她想做的事，過她想過的生活，自己的人生掌握在自己手裡，主宰著自己的命運。

筆者和阿婆小聊了半天，心裡深深受著震憾，從沒想過這位阿婆有這麼先進的人生觀，九十歲沒有退休，沒有等人孝養，沒有依賴著別人生活，這對老人化的時代的來臨，開啟了我的高齡社會的新想法。

撕掉「老」字標籤，無齡快樂地生活

台灣高齡化時代來臨，且整體經濟陷入停滯，社會變遷，價值觀念改變，子女有部分沒能力承擔父母老年安養責任，65歲以上因子女就業、移民、獨居等因素而無人照顧的獨居者，正快速攀升，一般獨居年長者，普遍心中畏懼獨居，害怕沒有人可以在危急時幫助，且對自己逐漸走向生命的盡頭，感到絕望及恐懼。想依賴子女，或想依賴他人的念頭成為普遍的想法。

「老」這個字，是什麼意思呢？不同的人解讀，就給了不同的意義。依照傳統概念來說，人從初生，幼年，兒童，青少年，青年，中年，壯年，到老年，好像每一個階段該做什麼事，該穿什麼衣服，該怎麼生活，都有一定生活樣子，都為各個階段貼好了標籤。於是人到了六十五歲以上，在職場中就該退休，在人生中就該進入老年，那些想當然耳的事，其實只是一個傳統的框架想法而已，事實的真相，以及當事者想怎麼過他接下來的生活，其實可以不受傳統想法的拘束。

依人生的真相來說，人其實只分為活著或不活著而已，人只要有一口氣在，還活在這個世界上，他想做什麼，只要有能力，都可以努力去完成，不需要做一個被年齡牢籠拘禁的人。任何時候，做，你想做的事；做，你能做的事而已，年齡，不要讓它來妨礙你。

人生很苦短，活著很匆忙，一個人經過了大半生的奮鬥，到了法定的年齡，從職場上退下來，在這之前，生活都是為了學習，為了工作，為了家庭，為了別人而活，到了退休，時間才真正屬於自己，這個時候如果有一個健康的身心，和健康的人生觀，你可能會覺得：「真好！我可以開始為自己而活，做自己喜歡的事了！」，而不是想當悲情的「阿信」，要家人、朋友、社會來可憐自己，要別人來陪伴自己，甚至自己傷春悲秋，自己不能獨立做自己的主人，而時時想依賴別人，造成別人的困擾，甚至造成社會的問題。

「人未老，形先衰」，一旦一個人自己先自我放棄了，「衣垮身懈」，衰敗就接踵而來，精神萎迷，對周圍事物失去了好奇心，對生命盡頭產生恐懼，所剩下的只有悲苦，那樣的日子怎麼過下去？

退休的人，難道就一定要遵遁這樣模式老死嗎？誰規定退休後的日子要這樣過？只要觀念改一改，轉念想一下：「我不想就這樣放棄自己活的權利，我還要創造精彩的日子。」世界就改變了！不必管年紀到底有多大，不必想年齡問題，對新的事物保持興趣，喜歡學習，專注做想做的事，這種「無齡感」的年代，在歐美早已是中老年人的生活常態。

有一位普通的美國女人珍妮，她60多歲的時候想買輛新車，但她堅持不買公認老人用的凱迪拉克車子，也不走進賣老人衣服飾店，因為她覺得自己還年輕；70歲時開始學中文，並且當起背包客，獨自去各國旅行，她喜歡挑戰，對生活充滿了熱情，喜歡學習新東西，由於她以開放的態度，接受各種生活面相的人，不但和周圍的人沒有年齡代溝，能融洽與人相處，這樣健康的心態，更豐富了她的生活。

關於70歲，80歲，90歲，甚至超過100歲，還在職場或專業上大放異彩的世界名人，只要你動動手指，問一下google大神就知道了，如Jacqueline Murdock這位美女，她82歲當起了名模，為AmericanApparel及LAVIN等知名品牌，拍攝平面廣告；而Lloyd Kahn，65歲開始學滑板，一直到78歲，成了滑板高手；Montserrat Mecho 78歲還是跳傘選手，但直到102歲，除了跳傘之外，還是高山滑雪，自行車比賽，沖浪和潛水的高手……。

前述70、80、90、100歲的人活得這麼多采多姿，如果你還說：「XX X……可惜現在老了，不然我就……」自我放棄的喪志話，看看人家，想想自己，那應該會為自己消極的想法，感到無聊，是的，不必想太多，趁著還有一口氣，做，就對了！

歐美中老年人風行的這種「無齡感」生活概念，是指一個人始終能保持一種不為年齡框架限制，心境如年輕時一般熱力四射的生活態度。他們認為，無齡感是一個人對待生命的態度，只要秉持對美好事物的追求，專注於事，就能忘了年齡。

我個人以為，時間和想要做的事情是不抵觸的，也就是說年齡是年齡，事情是事情，二者並沒有必然關係，不管年紀多大或多小，活著，就按著照生活的現狀，規劃該做的事，然後努力的完成它，只要專注於事，做事只要盡力去完成就好了，想做什麼和年紀多少，真的無關。

在心境上，如果你始終能把自己調整成，你還在六、七歲大小時的心境，小小的身體，大大的志願，對世界充滿著繽紛的期待，以這樣純真的心，以這樣的熱情，對過每一天充滿期待，無論什　時候，想繼續學習，想繼續進步，那樣的老年，就一點也不老了。

「我是我自己的障礙」，人老了並不可怕，可怕的是對生命沒有對觀念。沒有健康的心，就沒有希望，沒有活動力，自己成了自己的障礙，人若真的想善待自己，以「無齡感」的態度生活著，不跟自己的心妥協，超越年齡的限制，活著每一天都充滿了樂趣。

老人不是草莓，薑是老的辣

每個人一天二十四小時，除了吃，睡和休閒之外，精力充沛的時間，至少還有8~10個小時，把這8~10個小時，畫成8~10個格子，每一個格子該填入什麼內容，可以決定這個人將有什麼心境，將有什麼情緒，和生活的精彩度如何？

一般人年輕人為了學業，為了生計，這10個格子完全用來衝刺，還嫌時間不夠；退休的人呢？如果將十格也用來工作，用來做自己想做的興趣，天復一天，年復一年，只要持續用功，必也將「功不唐捐」有所成就。

如果以退休之名，就無所適事，生活除了枯燥無味之外，心智和身體不再鍛練，除了老化很快之外，更嚴重的是心理狀況；由於一個人的精力過盛又沒有宣洩的管道，整天東想西想，情緒沒有出口，而所能想的人事物，大都離不開家庭親友等周邊，所有相關的人事，動輒得咎，其實也沒有大事，只是退休的人仍有過盛的精力想找出口而已。人生到此，自己、家人和朋友，都要受苦了。

人除了身體會生病之外，心也會生病，身體的疾病，許多都是在生活習慣裡可以先做預防的；而心裡的疾病，往往來自胡思亂想，讓心陷入自己亂想的迷障中。人要快樂，常決取於人生的智慧和樂觀的想法，一個人把精力花在工作上消化掉了，讓人沒時間胡思亂想，這對一個人的健康是有幫助的，它減少了心理生病的機會。

人到了65歲退休了，一下子從每天緊湊的生活節奏，冷卻下來，生活完全陷入停滯。面對這樣生活上極大的差異，其實以知識經驗、身體功能和心智來說，才剛好達到人生的頂峰而已，這麼好的精神狀態下，退休那種空虛感，是退休前的人沒辦法想像的，那些原本的具足的充沛精力，要如何宣洩？人到了這個年紀真的就要從此在職場上退出了嗎？

再以退休者的能力來看，台灣現在整體經濟情況實在有點尷尬，如果能多點競爭力，台灣經濟就不會那麼差。面對台灣當前的困境，整體經濟方向該何去何從？其實台灣的年輕人擁有的知識經驗、資源和決策能力，遠遠不如六十歲以上或退休的人，尤其是思想和經驗方面，更是年輕人無法企及的。

該不該從此退出職場，那是個人想法而有差異而已。如果你的概念裡認為，勞祿了一生，該遊山玩水，享受生命，只要能力所及，也沒有對錯的問題，但是，若您有一個開放的心，積極的觀念，想要創造更豐富的生命價值，活得更精彩，那退而不休，甚至另創事業的高峰，也是很好的方式。

對於不願因退休就劃上職場句號的人也有很多，例如從永豐餘退休的蔡錦麟先生，認為「我頭腦、身體都還很健康，就這樣閒下來，說不過去。」，於是不甘於退休的空虛感，將他曾任永豐餘擔任事業部經理、工廠管理處處長、總經理特助等職務的經驗，在一次參加了元智大學智榮協會舉辦的論壇後，當起了智榮協會的「高年級實習生」，幫助從沒當過老闆，又想創業的邱佳志創業，做手工餅乾和開咖啡店。

又如當責顧問公司創辦人張文隆先生，60歲的時候從杜邦公司總經理退休，62歲創立了當責顧問公司，以他過去的專業，幫一般公司的CEO上領導課，不但不需要以年紀退休自我設限，還把自己最精華的人生成就用來服務更多人，幫助更多人邁向成功。

當老闆的人，一直奮鬥到不能動的人更多了，例如經營之神王永慶，幾乎是死在工作上，他熱愛工作的程度，已到瘋狂地步，唯有在職場中，唯有在那個職務上，他活著，才能算活著。

而老當益壯的台積電董事長張忠謀，以八十的高齡，縱橫在全球半導體業界中，也許你可以請問他一下，「老」字怎麼寫？我想他所能想到是，接下來的工作該怎麼做？至於老字對他來說，應該和他沒什麼關係吧。而經營半導體產業，開拓新版圖，是他的新目標吧……，為此，全球八十歲以上的相關人士，請叫他一聲教父吧！

老人不是草莓，薑是老的辣，不管活到幾歲，只要天天保持六，七歲的心境，想著今天明天和接續著的每一天，要做什麼事就可以了，關於生老病死，那是上天的事，人力無法、也不必預聞，不用再費心費力於老不老的問題上了，活著，就是要精彩。

5 公益平台的建立

做公益是肯定自己的生命價值的一種方式，但是做善事只能捐款嗎？除了用錢財做善事之外，也可以用知識經驗來做善事。

一個人，不管是平民還是富豪，在人生經歷中，看到世界上的貧窮可憐無助的人們，惻隱之心人皆有之，出於那種人飢己飢，人溺己溺的同理心，援助別人變成了行善的方式。有的人奮鬥了大半生，留存了許多財富，該留給子女家人？還是給需要的人？

關於這個問題，我們首先要釐清的是，人活著的價值是什麼？人為什麼而活。

一個人自呱呱墜地，牙牙學語，幼稚園，小學，中學，高中，大學，研究所出社會，每一個歷程都有該經歷的過程，從臥，爬，坐，學走路，學手腳功能，學說話，學語言，學習種種專業，到出社會工作，每一個過程的內容，我們都經歷過，唯其因為經歷過，所以個中的酸甜苦澀都有深刻的感受，那種種的感受，集合成了生命整體的豐富度，人因為有這種奮鬥過程的豐富度，生命才精彩，生命才多彩多姿。尤其出社會後，面對人生的挑戰，一個人該如何開創自己的事業國王，該如何彩繪自己精彩的人生，這些唯有透過自己親身經歷，唯有透過自己動手做過，那個精彩才屬於自己所有。因為，感受的真實度是來自經歷。

由以上我們可以思考，如果父母家長，基於愛小孩，把小孩局限在自己的範圍內，給他最好的物質生活，給他最好的權位，給他最多的財錢，那些一般人要透過奮鬥才能擁有的目標，你的孩子完全不需要奮鬥就能得到，這樣對你的孩子是好？還是不好？

如果你問豬農要怎麼養豬，豬農會告訴你，給豬吃最營養的食物，給豬住清潔的環境，限制豬活動的範圍，最後把豬養得肥肥的，論斤賣肉，這是養豬的本質，但經過這樣過程養大的豬，其實沒有獨立出去謀生的能力，而有些父母基於對子女莫名的溺愛，有時甚至會以養豬的方式養小孩，一心只想自己犧牲，把全世界最好的物質都努力來給孩子，甚至，即使要他們去搶，他們為了孩子的幸福，也不惜去搶。

給孩子最好的物質生活，是不是對孩子就是最好的？這是值得天下為人父母者好好思考的問題。

就生命的真相來說，人需要的不止是物質而已。一個孩子若是經由自己具備的能力，去努力，去奮鬥，那怕過程中跌跌撞撞，台下十年功，一旦有一天他的努力得到成果了，那樣的果實，對他人生的甘甜度，絕對不是透過繼承得到財富的快樂可以比擬的，因為人需要的不止是物質上的快樂，一個人要肯定自己存活的價值，更多是來自精神的滿足；如果父母自孩子小時候，就培養了他各種求生的能力，而不止是給他物質享受；給他好的品德價值觀，而不是縱容寵溺任性；出社會之後，再給他吃苦耐勞，奮鬥的歷程，讓他的成就來自他的努力，那樣對這個孩子的人生來說，一定只比給他物質，來的完整而有意義。

對於這種奮鬥的意義，正如比爾蓋茲在1994年在他父親的建議之下，以父親威蓋茲之名捐出了9400萬美金建立了基金會，受了這件事的影響，1997年他又捐了蓋茨學習基金會，後來更擴大成蓋茨基金會，並立了遺囑將自己百分之九十八的遺產捐給這個基金會，基金會把錢用來研究愛滋病和瘧疾，並為世界貧窮國家提供幫助。比爾蓋茲這種博施濟眾之高風亮節之偉大事蹟殊值世人敬仰直至永遠。由此可知，真正的富有，讓生命豐富而多彩多姿是奮鬥，是助人，因為奮鬥和利益他人，得到的不止是物質的滿足，也是滿足了精神。

在人生道路上，如果你得「道」已多，除了把心力投注在自己的孩子身上外，其實還有更多事情可以做。那就是隨手為他人服務。

公益，隨手助人就是利己

由於資本主義發達到一個階段，全世界貧富差距越來越嚴重，老人，孤苦貧困的人，病童，沒錢讀書的孩子，饑餓的災民，想創業的青年，和一些在社會最底層連基本生活都過不下去的可憐人們，其實他們需要一個機會，他們需要一點助力，他們需要有人拉他一把，只要給他們一點點助力，就可以解決他個人的問題；只要給一群需要的人一點方法，就可以幫助一群人改善生活；只要給弱勢機會，就可以解決社會問題。社會問題變少了，你的孩子，你的家人，你的朋友們，也都會因為社會的安定而獲益。為此，如何開始做公益或建立公益平台，是值得努力的方向。

助人最樂，助人把自己活著的價值變大了，這種惻隱之心，其實古往今來都存在著，只是如何把做公益，推動成普世的概念，並讓人把做公益做為奮鬥的目標。

助人，無論富豪或平民，捐款做善事，從隨手助人開始。如眾所週知的比爾蓋茨，巴菲特，微軟創始人保羅艾倫（PaulAllen），名導演喬治盧卡斯，洛克菲勒家族……等等企業家，都以捐款聞名；而平民對行善的愛心卻完全不輸富豪，例如921地震、88風災、甚至日本311大地震，各國紛紛出錢出力救災，而排名全球捐助日本第一名的卻是台灣，台灣在災難發生後，短短幾天中就捐款了四十億，除了台灣著名的慈善團體，富豪外，一般老百姓也捐出了幾十億的善款。

從這個事件中，我們可以了解，想行善助人，是人的本質，助人最樂，是人性的光輝。但能拔除別人的痛苦，給人溫暖和機會，幫助別人可以走出陰霾，走出人生的光明大道，其實不必等到成為富豪，只要有心，一塊錢和一億價值是相同的，在隨時遇到的當下，就隨手以自己能力做得到的範圍，盡力去做就是了，你的隨手付出，也許你記得，也許你忘了，但那一點點火，那一點點光亮，說不定就此改變一個人的人生；為別人盡一點點力，自己也許從此活在別人心裡，活在別人生命裡，因那一點隨手的付出，而創造了價值。

做善事不止於捐款，知識經驗好助人

做善事是肯定自己的生命價值的一種方式，但是做善事只能捐款嗎？其實不盡然，除了用錢財做善事之外，也可以用知識經驗來做善事。

因為人的苦難是多方面的，大部分的苦難不是來自物質生活的苦，而是在知見不足，知識經驗不夠下，生活在心靈迷障中困苦的人其實是多數，對於身陷各種苦難中的人來說，如果適時有人，能給他好的道理方法來引導他們，讓他們看清楚自己的問題，進而解決他們的問題，那樣更是好的助人方式。

一個人若要想過得快樂幸福，首先他必須要有對的意識模式，在意識中，必須具備判斷好壞的能力，有了分辨好壞的意識模式，才能建立對的價值觀；有好的價值觀才能做出對的行為，如果一個人做的每一件事，都做對了，這就像考試答題一樣，每一題都答對了，那樣考試的分數自然就高了；人在生活中做的每一件事，都做對的事，那樣，人生自然事事都圓滿，也自然都幸福快樂了。所以如何建立好的意識模式；如何讓人明白笑貧笑娼和勇敢吃苦奮鬥、那種是人生對的價值；又如何堅持對的價值做對的事，在吃苦和奮鬥辛勤中得到成果，這些觀念的建立，也許不是學校教育都能學到的，所以把好的知識傳佈給更多人，讓更多人做對的事，創造他們的幸福，這是筆者老驥伏櫪，不惜微弱，想把它當成終身努力的志業。

心靈勵志 39

突圍，新平庸年代

作　　者：黃炎東
編　　輯：張加君
封面設計：林育雯
美　　編：林育雯
出 版 者：博客思出版事業網
發　　行：博客思出版事業網
地　　址：台北市中正區重慶南路1段121號8樓之14
電　　話：(02)2331-1675或(02)2331-1691
傳　　真：(02)2382-6225
E—MAIL：books5w@yahoo.com.tw或books5w@gmail.com
網路書店：http://store.pchome.com.tw/yesbooks/ http://bookstv.com.tw/
博客來網路書店 http://www.books.com.tw
華文網路書店、三民書局
總 經 銷：成信文化事業股份有限公司
電　　話：(02)2219-2080　傳真：(02)2219-2180
劃撥戶名：蘭臺出版社 帳號：18995335
香港代理：香港聯合零售有限公司
地　　址：香港新界大蒲汀麗路36號中華商務印刷大樓
C&C Building, 36,Ting, Lai, Road, Tai,Po, New,Territories
電　　話：(852)2150-2100　傳真：(852)2356-0735
出版日期：2016年2月 初版
定　　價：新臺幣 250元整（平裝）
ISBN：978-986-5789-91-7

國家圖書館出版品預行編目資料

突圍，　新平庸年代 / 黃炎東著 --初版--
臺北市：博客思出版事業網：2016.2

ISBN：978-986-5789-94-7（平裝）
1.臺灣教育 2.終身學習
520.933　　105001406